남북한
언어
탐구생활

남북한 언어 탐구생활

엮은이 **양영철**
펴낸이 **최정심**
펴낸곳 **(주)GCC**

초판 1쇄 발행 2018년 7월 30일
초판 2쇄 발행 2018년 8월 5일

출판신고 제406-2018-000082호
주소 10880 경기도 파주시 지목로 5
전화 (02)330-5500 팩스 (02)330-5555

ISBN 979-11-964383-1-9   03700

www.nexusbook.com

남북한 우리말 비교 사전

어쩌면 통역이 필요할지도 몰라

남북한 어어는 탐구생활

양영철 엮음

지식의숲

최근 들어 남북한의 정세가 급속히 봄을 맞고 있습니다. 이러한 때일수록 더욱 두드러지는 것이, 같은 민족이지만 오랜 기간 서로 격리되었기 때문에 언어 소통에 적지 않은 문제가 있다는 사실입니다. 남북한이 무력 통일이 아닌 평화 통일을 이루기 위해 원활하게 교류하려면, 우선 서울말인 표준어와 평양말인 북한의 문화어를 아우르는 '통일어'의 제정이 시급합니다. 이에 남한의 국어사전과 북한의 조선말대사전을 연계한 요약 사전으로 《남북한 언어 탐구생활》을 발간하게 되었습니다.

남북한의 평화 통일은 실질적이고 구체적이고 진솔하게 진행되어야 하며, 남북한의 지속적인 민관 교류와 경제적인 통상 확대는 물론이고 남한의 표준어와 북한의 문화어에 대한 통일 작업도 병행하여 원래 하나였던 민족적 유대감과 문화적 유대감을 되살려야 합니다.

국민을 하나로 단결시키려면 언어가 같아야 한다는 사실과 그래서 강제로 한국어를 버리고 일본어를 쓰도록 압제했던 일제 식민 정책의 아픔을 돌이켜볼 때, 남북한은 방언과 이념의 골을 메워서 서로의 신뢰를 쌓아야 진정한 남북 통일을 성취할 수 있습니다. 따라서 남북한 통일어의 제정은 이유 여하를 막론하고 조속히 진행되어야 하며, 이 작업이 원활치 못하면 남북 통일은 국내외적으로 정치적 구호로 끝날 수밖에 없습니다.

이 책은 남북한 언어 통일을 위한 이해를 돕기 위해서, 남한의 표준어와 북한의 문화어에서 뜻은 같으나 각기 표기 또는 발음이 다른 어휘들 중 많이 사용되는 어휘들을 중심으로 엮었습니다. 같은 뜻을 갖고 있는 표준어와 문화어 중에서 하나 또는 둘을 남북한 통일어로 제정하여 남북한 언어의 통일안이 완료될 때까지 이 책을 꾸준히 업데이트하고자 합니다.

1950년 6 · 25 이후, 막연히 남북한은 곧 통일될 거라고 믿으며 기나긴 시간이 헛되이 흘러갔지만, 이제 남북한의 언어 통일을 시작하며 통일 작업 또한 실질적인 시작에 착수했다 할 수 있을 것입니다.

　　현재 사용하고 있는 남북한의 언어를 객관적인 시각으로 볼 때 남한은 외래어의 남용이 많고, 북한은 남한보다 우리 고유어를 더 잘 살려서 쓰고 있다고 합니다. 필자 또한 이 사실을 높이 평가하여 북한의 문화어에 별표를 달아 통일어로 제안해 보았습니다. 또한 한자어와 외래어는 의미를 명확하게 하기 위해 원어를 밝혔습니다. 수록된 어휘는 일상생활에서 많이 쓰이는 것들을 중심으로 사전식으로 편집하였기에 오늘날의 북한어를 이해하고 소통하는 데, 실질적으로 도움이 될 것으로 생각합니다.

　　필자가 북한 현지의 여러 자료들을 취합하고 연구하여 가장 최근까지의 어휘의 쓰임을 적용하고자 했으나 미천한 능력으로 인해 아직 미흡한 많은 문제들이 있을 줄 압니다.

　　앞으로도 이 책은 꾸준히 수정 증보를 계속해 나갈 것을 약속드리며, 독자 여러분들의 많은 이해를 부탁드립니다. 시작은 미약하나 이 작은 초석이 통일 대업을 이루는 데 한 축이 될 수 있기를 기대하며, 이 책을 널리 읽고 이해하여 다시 하나 되는 한반도를 기대해 봅니다.

　　　　　　　　　　　　　　　　　　　　　　　　엮은이 양영철

| 일러두기 |

1. 남한 표준어편
표준어를 ㄱㄴㄷ순으로 편집하였습니다. 한자어와 외래어
는 괄호 안에 원어를 병기하였으며, 고유어와 한자어, 외래
어가 결합된 경우는 괄호 안의 고유어 부분을 '─'로 표기
하였습니다.

2. 북한 문화어편
문화어를 ㄱㄴㄷ순으로 편집하되, 그 순서는 조선어사전을
따르지 않고, 남한의 표준어 배열에 따랐습니다.
표준어와 비교하여 좀 더 사용이 폭넓고 이해가 쉬운 것을
저자는 통일어로 제안하여 * 표시를 하였으므로 익힘에 참
고가 되기를 바랍니다.

3. 기호

㉠ 반의어   ㉢ 동의어
㉣ 참고   ＊ 통일어 제안

남한
표준어편

남북한
언어
탐구생활

ㄱ

남한 표준어	북한 문화어
가감법(加減法)	더덜기법(—法)
가게	가가(假家, 용작은 상점(—商店))
가깝다	가찹다 *
가끔	가담가담
가는귀	잔귀 *
가늠자	겨눔자(총(銃)의 겨눔)
가능하다(可能—)	보장하다(保障—, 많은 뜻으로 쓰임)
가동일자(稼動日子)	력일수(曆日數)
가두리양식(—養殖)	우리식양어(—式養魚)
가랑머리(⟺쌍가랑머리)	외태머리(⟺양태머리) *
가랑비	안개비
가로수(街路樹)	거리나무 *
가로지르다	가로타다
가르다(용파다, 찢다)	째다
가르치다	배워주다 *
가막부리	부리촉(—鏃)
가명(假名)	가짜이름 *
가발(假髮)	덧머리 *
가볍고 편리(便利)하다	경편하다(輕便—)
가분수(假分數)	분자큰분수(分子—分數) *
가사(家事)	집안거두매
가속페달(加速pedal)	가속답판(加速踏板)
가수(加數, 용덧수(—數))	더하는수(—數)
가시거리(可視距離)	눈보기거리(—距離, 용보임거리(—距離))
가시광선(可視光線)	보임광선(—光線)
가식(假飾, 용아첨(阿諂), 알랑방귀)	노죽
가연성(可燃性)	불탈성(—性) *
가연성가스(可燃性gas)	불탈가스(—gas) *
가용성(可溶性)	풀림성(—性) *
가위바위보	가위주먹

남한 표준어	북한 문화어
가장자리(통변두리(邊—))	가녁 *
가정주부(家庭主婦)	가두녀성(—女性)
가족수당(家族手當)	가족금(家族金)
가죽제조(—製造, 통무두질)	가죽이김
가지런하다	가쯘하다
가지런히	주런이
가청음(可聽音)	들림소리
가출(家出)	탈가(脫家)
가파르다	강파르다 *
각다귀(통홀쭉이)	깔따구(통마른몸, 곤충 용어 포함)
각색(脚色)	옮겨지음 *
각선미(脚線美)	다리매(통다리곡선미(—曲線美)) *
각설탕(角雪糖)	각사탕(角沙糖)
각주(脚註)	아래붙임 *
각질(角質)	뿔질(—質)
간과하다(看過—)	보아넘기다 *
간섭(干涉)	간참(干參)
간수(—水)	서슬(두부 제조용 응고제)
간식(間食)	새참 *
간주곡(間奏曲)	막간곡(幕間曲)
간지(間紙)	끼움종이 *
간통(姦通)	부화(浮華)
갈기갈기	오리가리
갈등(葛藤)	마음다툼
갈래(통가랑이, 가닥)	가다리
갈퀴	곽지
감광제(感光劑)	빛느낌약(—藥)
감광지(感光紙)	빛느낌종이
감미료(甘味料)	단맛재료(—材料)
감사(監査)	집중지도(集中指導)
감시초소(監視哨所)	망원초(望遠哨)

남한 표준어	북한 문화어
감싸다	안싸다 *
갑자기(통 움쩔)	움씰
값싼	값눅은
갓길	길섶
강낭콩(江南—)	당콩
강변(江邊, 통 강가)	강반(江畔)
강압변압기(降壓變壓器)	낮춤변압기(—變壓器)
강우예보(降雨豫報)	강수예보(降水豫報)
강의요약(講義要約)	제강(提綱)
강인하다(强忍—, 통 굳다)	강의하다(剛毅—)
강조하다(强調—)	역설하다(力說—) *
강풍(强風)	날바람
같음표(—標)	같기표(—標) *
같이(통 함께, 그대로)	모록이
개살구나무	산살구나무(山—) *
개간(開墾)	땅일구기 *
개간지(開墾地)	일군땅 *
개고기	단고기
개기식(皆旣蝕)	옹근가림
개기월식(皆旣月蝕)	옹근월식(—月蝕)
개기일식(皆旣日蝕)	옹근일식 (—日蝕)
개머리판(—板)	총탁(銃托)
개발도상국(開發途上國)	발전도상나라(發展途上—) *
개밥(통 개죽(—粥))	개물
개방(開放)	열기 *
개복수술(開腹手術)	배열기수술(—手術)
개선(改善)	개건(改建)
개수대(—臺, 통 싱크대(sink臺))	가시대(—臺)
개숫물	가시물(그릇 씻는 물)
개인이기주의(個人利己主義)	보신주의(保身主義)
개인농지(個人農地)	뙈기논밭

남한 표준어	북한 문화어
개인생활(個人生活)	개체생활(個體生活)
개인위생(個人衛生)	개체위생(個體衛生)
개표(改票)	표찍기(票—)
객토(客土)	흙갈이
갱목(坑木)	동발나무
갸름하다	갈람하다
거두어들이다([동]모아들리다)	가다드리다
거뜬히([동]손쉽게)	허양
거름종이([동]여과지(濾過紙))	거르기종이 *
거만하다(倨慢—)	희떱다
거북	거부기(파충류)
거북하다	아츠럽다
거스름돈	각전(角錢, [동]동전(銅錢))
거실(居室)	전실(前室, [동]살림방(—房))
거위	게사니(기러기의 변종)
거짓말	꽝포
거칠다	거쉬다
걱정	일만시름
건널목([동]횡단보도(橫斷步道))	건늠길
건달(乾達, [동]난봉꾼)	날총각(—總角) *
건들거리다	군둑거리다
건망증(健忘症)	잊음증(—症) *
건설사업(建設事業)	대상건설(對象建設)
건성([동]대강(大綱), 어림잡아)	결써
건성건성	반숭건숭
건조기(乾燥期)	가물때 *
건조실(乾燥室)	말림칸
건조장(乾燥場)	말림터
걷어붙이다	거드치다
걸귀(乞鬼)	걸구(새끼를 낳은 돼지) *
검도(劍道)	격검(擊劍)

남한 표준어	북한 문화어
검량(檢量)	량재기(量—)
검문소(檢問所)	차단소(遮斷所)
검산(檢算)	뒤셈(됭셈따지기)
검소(儉素)하고 소박(素朴)하다	검박하다(儉朴—)
검열하다(檢閱—)	쓸다
검표(檢票)	표검열(票檢閱)
겉치마	웃치마 *
게으르다	깡지근하다
(활이나 총을) 겨누다	고누다
겨울용품(—用品)	겨울것
격발장치(擊發裝置)	격발기(擊發機)
격월로(隔月—)	한달건너 *
격일로(隔日—)	하루건너 *
격파하다(擊破—)	까부시다 *
견인선(牽引船, 됭예인선(曳引船))	끌배(됭견인배(牽引—)) *
견인차(牽引車)	끌차(—車) *
견지낚시	자낚
결과(結果)	후과(後果)
결막(結膜)	이음막(—膜)
결빙(結氷)	얼음얼이
결산(決算)	총화(總和)
결성하다(結成—)	조직하다(組織—)
결실(結實)	열매맺기
결의형제(結義兄弟)	작의형제(作義兄弟)
결전장(決戰場)	판가리싸움터(判—)
결판나다(決判—)	판나다(判—)
겹세로줄	복종선(複縱線) *
경계선(境界線)	계선(界線)
경고(警告)	침질(鍼—, 됭못박다)
경고표지(警告標識)	경표(警標) *
경련(痙攣, 됭쥐)	자개바람

남한 표준어	북한 문화어
경보(競步)	걷기경기(—競技) *
경사각(傾斜角)	비탈각(—角) *
경사도(傾斜度)	비탈도(—度) *
경시대회(競試大會)	학과경연(學科競演)
경작지(耕作地)	부침땅([동]갈이땅) *
경쟁(競爭)	승벽(勝癖, [동]승강(昇降))
경제투쟁(經濟鬪爭)	경제깜빠니야(經濟kampaniya)
경찰관(警察官)	보안원(保安員, [동]안전원(安全員))
곁방살이(—房—)	곁간살이(—間—)
계단(階段)	디대
계단논(階段—)	다락논 *
계단밭(階段—)	다락밭 *
계란(鷄卵, [동]달걀)	닭알 *
계란덮밥(鷄卵—)	닭알쌈밥
계란말이(鷄卵—)	색쌈(色—, [동]달걀말이)
계란찜(鷄卵—)	닭알두부(—豆腐)
계류장(繫留場)	배맬터
계모(繼母)	후어머니(後—)
계산(計算, 옳고 그름)	쨈
계선부표(繫船浮標)	배맬부표(—浮標)
계수나무(桂樹—)	육계나무(肉桂—)
계승(階乘)	차례곱(수학 용어)
계영(繼泳)	이어헤기
계인(契印)	맞춤도장 *
계주(繼走)	이어달리기 *
계집아이	에미나이
계책(計策)을 꾸미다	짜고들다
계획하다(計劃—)	조직하다(組織—)
고가철도(高架鐵道)	가공철도(架空鐵道)
고갯길	령길(嶺—)
고금(古今)	예이제(옛날과 지금)

남한 표준어	북한 문화어
고급담배(高級—)	특급담배(特級—)
고급호텔(高級hotel)	초대소(招待所)
고깃국	고기마룩
고동치다(鼓動—)	높뛰다
고딕체(Gothic體)	천리마체(千里馬體)
고량주(高粱酒)	빼주
고르다(图평등하다(平等—))	고르롭다
고모(姑母)	고모어머니(姑母—) *
고모부(姑母夫)	고모아버지(姑母—) *
고무장화(gomme長靴)	사출장화(射出長靴)
고물(古物)	보숭이
고민하다(苦悶—)	모대기다
고봉(高捧, 图수북)	곡상(斛上)
고생살이(苦生—)	강심살이
고생하다(苦生—, 图가난하다)	간고하다(艱苦—)
고심하다(苦心—)	왼심(一心)을 쓰다
고온(高溫)	높은온도(—溫度) *
고용농민(雇用農民)	고농(雇農)
고위층인사(高位層人事)	간부사업(幹部事業)
고자질하다(告者—)	고자바치다(告者—)
고정자산(固定資産)	고정폰드(固定fond)
고종사촌(姑從四寸)	고모사촌(姑母四寸) *
고집(固執)	주견머리(主見—)
고집불통(固執不通, 图외고집)	곧은박이
고참병(古參兵)	구대원(舊隊員)
고철(古鐵)	파고철(破古鐵, 图고금속(古金屬))
고함치다(高喊—)	고아대다 *
곡예(曲藝, 图서커스(circus))	교예(巧藝)
곤충망(昆蟲網)	후리채 *
곧(图빨리)	인차(鱗次, 图인츰)
곧바로	대미쳐

남한 표준어	북한 문화어
곧바르다	직바르다(直—)
골다공증(骨多孔症)	뼈송소증(—症)
골대(goal—, 통골포스트(goal post))	축구문(蹴球門)
골막염(骨膜炎)	뼈막염(—膜炎) *
골몰하다(汨沒—, 통몰두하다(沒頭—))	옴하다
골밑슈팅(goal—shooting)	륜밑던져넣기(輪—, 농구 용어)
골방(—房)	뒤고방(—房)
골수염(骨髓炎)	뼈속염 (—炎) *
골인(goal in)	꼴인(goal in)
골절(骨折)	뼈부러지기
골키퍼(goal keeper)	문지기(門—, 축구 용어)
골탕	넋살탕
곯아떨어지다	노그라떨어지다
곯은계란(—鷄卵)	곤닭알
공(통볼(ball))	뽈(ball)
공개방송(公開放送)	방송야회(放送夜會)
공격하다(攻擊—, 통족치다, 때리다)	답새기다
공금횡령(公金橫領)	탐오랑비(貪汚浪費)
공급하다(供給—)	보내주다 *
공기놀이	자갈쥐기
공기조화기(空氣調和器)	조화기(調和器)
공동성명(共同聲明)	공동콤뮤니케(共同communiqué)
공론(空論)	빈말공부(—工夫)
공명(共鳴, 통마주울림)	겨울림
공무원(公務員)	정무원(政務員)
공상과학소설(空想科學小說, SF)	과학환상소설(科學幻想小說) *
공생(共生)	함께살이 *
공손하다(恭遜—)	성근하다(誠勤—)
공수부대(空輸部隊)	항공륙전대(航空陸戰隊)
공연히(公然—)	건으로

남한 표준어	북한 문화어
공염불(空念佛)	말공부(一工夫)
공전(空轉)	헛돌이 *
공중회전(空中回轉)	허공돌기(虛空—) *
공항(空港)	항공역(港空驛) *
공휴일(公休日)	휴식일(休息日) *
과감히(果敢—)	가강히(加强—)
과거(過去, ㉨지난날)	어제날
과립제(顆粒劑)	싸락약(—藥)
과분하다(過分—)	아름차다
과외학습(課外學習)	학생소조활동(學生小組活動)
과일주(—酒)	우림술
과일주스(—juice)	과일단물
관다발(管—)	관묶음(管—)
관광(觀光, ㉨여행(旅行))	탐승(探勝)
관광버스(觀光bus)	유람뻐스(遊覽bus) *
관광안내원(觀光案內員)	관광강사(觀光講士, ㉨안내강사) *
관절통(關節痛)	뼈마디아픔
관정(管井)	졸짱
괄약근(括約筋)	오무림살 *
광우병(狂牛病)	미친소병(—病) *
광케이블(光cable)	빛섬유까벨(—纖維kabel')
괘도(掛圖, ㉨걸개그림)	걸그림 *
괜찮다	일없다
굉장(宏壯)	수태
굉장하다(宏壯—)	와디디하다
교각(交角)	사귐각(—角)
교감(校監)	부교장(副校長) *
교대(交代)	대거리
교도관(矯導官)	계호원(戒護員)
교도소(矯導所)	교화소(敎化所) *
교만(驕慢, ㉨거만(倨慢))	재세

남한 표준어	북한 문화어
교미(交尾)	쌍붙이(雙—) *
교육용완구(教育用玩具)	공부놀이감(工夫—)
교잡(交雜)	섞붙임 *
교점(交點)	사귐점(—點)
교차하다(交叉—)	사귀다
교탁(教卓)	강탁(講卓)
교통경찰(交通警察)	교통안전원(交通安全員) *
교환법칙(交換法則)	바꿈법칙(—法則) *
구내염(口內炎)	입안염(—炎)
구더기	장가시(醬—)
구문(口文)	두전(頭錢)
구부리다	까드리다
구비문학(口碑文學)	구두창작(口頭創作)
구석구석	고삿고삿
구설수(口舌數)	말밥
구성(構成)	엮음새
구성원(構成員, [동]일원(一員))	성원(成員)
구세주(救世主, [동]구원자, 인도자)	구성(救星)
구술시험(口述試驗)	구답시험(口答試驗)
구전문학(口傳文學)	인민구두창작(人民口頭創作)
구출하다(救出—)	건져내다 *
구토(嘔吐)	게우기
구하기 어렵다	긴장하다(緊張—)
국(국물의 준말)	마룩
국도(國道)	나라길 *
국방색(國防色)	보위색(保衛色)
국수집	면옥(麵屋)
군불	공불(空—)
군사계급(軍事階級)	군사칭호(軍事稱號)
군인가족(軍人家族)	후방가족(後方家族)
굳세다	①억세다 * ②견결하다(堅決—)

남한 표준어	북한 문화어
굳은살	①썩살 ②장알(掌—, 손바닥의 굳은살)
굴(窟)	굴간(窟間)
굴광성(屈光性)	빛굽힘성(—性)
굴절(屈折)	꺾임 *
굴착기(掘鑿機)	기계삽(機械—)
굵다	웅글다
굼뱅이(圏느림보)	동작가
굽실굽실	굽석굽석
궁금하다	궁겁다
궁리(窮理)	궁냥
궁상맞다	군숨스럽다
권투글러브(拳鬪glove)	타격장갑(打擊掌匣)
궐련(卷煙)	마라초(—草)
궤도(軌道)	자리길
귀고리	귀에고리
귀를 기울이다	강구다
귀빈석(貴賓席)	주석단(主席壇)
귀소본능(歸巢本能)	돌아오기본능(—本能) *
귀순자(歸順者)	의거자(義擧者)
그간(圏그동안, 그사이)	그지간
그다지	그닥
그때그때	그시그시 *
그래픽(graphic, 圏도표(圖表))	그라휘크(graphic)
그럴싸하다	얼싸하다
그렇다면	하다면
그룹학습(group學習)	호조반(互助班)
그리마	설설이(곤충의 이름) *
그만하다	그쯤하다
극피동물(棘皮動物)	가시껍질동물(—動物) *
근거(根據, 圏구실(口實))	근터구

남한 표준어	북한 문화어
근무자세(勤務姿勢)	일본새(一本一)
근방(近方)	아근(我近) *
근사값(近似一)	가까운값 *
근시안경(近視眼鏡)	도수경(度數鏡)
근육주사(筋肉注射)	힘살주사(一注射) *
근지럽다	그니럽다
근질근질하다	그닐그닐하다
근처(近處)	어방
근해(近海)	가까운바다 *
근호(根號)	뿌리기호(一記號) *
글러지다(홍틀리다)	코집이 틀리다
금방(今方, 홍갓, 이제)	가지(홍어방)
급료(給料)	생활비(生活費)
급식(給食)	급양사업(給養事業)
기(氣)가 막히다	억이 막히다 *
기계설비(機械設備)	대상설비(對象設備)
기록문학(記錄文學)	보도문학(報道文學)
기록영화(記錄映畵)	시보영화(時報映畵)
기르다	자래우다
기름지다	노랑지다
기름칠(一漆)	기름대우
기만하다(欺瞞一, 홍속이다)	요술(妖術)을 부리다
기미	검버섯 *
기반조직(基盤組織)	골간부대(骨幹部隊)
기쁘고 즐겁다	간간하다
기상대(氣象臺)	기상수문국(氣象水門局)
기생(寄生)	붙어살이 *
기생동물(寄生動物)	붙어살이동물(一動物) *
기성복(旣成服)	지은옷 *
기세(氣勢)를 떨치다	나래치다
기어오르다	게바라오르다

남한 표준어	북한 문화어
기역(ㄱ)	기윽(ㄱ)
기역니은디귿순(—順)	그느드순(—順)
기우뚱하다	기울써하다
기이하다(奇異—)	희한하다(稀罕—)
기입하다(記入—)	적어넣다*
기필코(期必—)	불필코
기혼녀(旣婚女)	집난이
기혼여성(旣婚女性)	헌사람
기회주의(機會主義)	수박씨장사
긴장(緊張)	탕개
긴장도(緊張度)	켕김도(—度)*
김매기	풀잡이
깃발(旗—)	기발(旗—)
깊은우물	굴우물(窟—)
까다롭다(통거북하다)	말쩨다
까마득하다	무연하다
까마중	깜또라지
까불다	우뚤대다
깔보다(통업신여기다)	숙보다
깨어지다	깨여지다
깻묵	기름박
꼬맹이	조꼬맹이
꼬불꼬불	오불꼬불
꼭두새벽	진새벽(辰—)
꼭짓점(—點)	꼭두점(—點)*
꼴뚜기	호드기
꽁보리밥	강보리밥*
꽁생원(—生員)	골서방(骨書房)
꽃다발	꽃묶음*
꾀병(—病)	건병(乾病)
꾸기다(통쌓다, 묶다)	꿍지다(통꿍치다)

남한 표준어	북한 문화어
꾸러미(통부리망(—網))	꾸레미
꾸밈새	꾸림새
꿈나라	잠나라
끊임없이(통쉴새없이)	간단없이(間斷—)
끌어당기다	①다가끼다 ②그러당기다
끌어들이다	꺼들이다
끓어넘치다(통들끓다)	끓어번지다
끝내다(통매듭짓다)	결속하다(結束—)
끝물	막물
끼니	때식(—食)
끼이다	찌끼다
낌새(통눈치)	짬수
낑낑거리다	갑자르다

남 **가정주부**
⇔ 북 **가두녀성**

남 **경찰관**
⇔ 북 **보안원, 안전원**

남 **스튜어디스**
⇔ 북 **비행안내원**

남 **유치원 보모**
⇔ 북 **교양원**

남 **종업원**
⇔ 북 **접대원**

남 **공무원**
⇔ 북 **정무원**

남 **은행원**
⇔ 북 **은행경제사**

남 **아나운서**
⇔ 북 **방송원**

남 **관광안내원**
⇔ 북 **관광강사, 안내강사**

남한 표준어	북한 문화어
나돌아 다니다	게바라다니다
나뒹굴다	나굴다
나들이옷(֍외출복(外出服))	갈음옷
나룻배	매생이(노가 달려 있는 배)
나른하다	매사하다
나무기와	동기와
나무젓가락(֍소독저(消毒—))	위생저(衛生—)
나물(֍채소(菜蔬))	남새
나사못(螺絲—)	타래못
나선계단(螺旋階段)	라선층층대(螺旋層層臺)
나이가 어리다	나어리다
나이가 지긋하다	지숙하다(至孰—)
나이테	해돌이
나이프(knife)	밥상칼(—床—)
나침반(羅針盤)	라침판(羅針板)
나타나다	나지다(֍비끼다)
낙숫물(落水—)	처마물 *
낙엽수(落葉樹)	잎지는나무 *
낙오자(落伍者)	락오분자(落伍分子)
낙지(֎오징어)	오징어(֎낙지)
낙차(落差)	높이차(—差) *
난동하다(亂動—, ֍사납다, 뒹굴다)	갈개다
난류(暖流)	더운흐름
난시(亂視)	흩어보기
난청(難聽)	가는귀먹기
난필(亂筆)	갈긴글씨 *
날쌔다	걸싸다
날씨	날거리
날씬하다(֍맵시 있다)	양간하다
날아서 흩어지다	날아나다
날짐승	새짐승

남한 표준어	북한 문화어
남동생(男同生)	적은이
남보다 나중	남나중
남루하다(檻褸—)	허줄하다
남자동성애(男子同性愛)	남색(男色)
남측양지(南側陽地)	남석(南—)
납부하다(納付—)	바치다(통물다) *
낮교대(—交代)	낮대거래
낮도깨비	청도깨비(靑—)
낮은포복(—匍匐)	사행식포복(蛇行式匍匐)
낯선고장(다른 고장)	난데
낯선손님	난데손님
내각(內角)	아낙각(—角, 수학 용어)
내구성(耐久性)	오래견딜성(—性)
내려다보다	부감하다(俯瞰—)
내무반(內務班)	병실(兵室)
내수성(耐水性)	물견딜성(—性)
(숨을) 내쉬다	(숨을) 내긋다
내습성(耐濕性)	누기견딜성(—性)
내식성(耐蝕性)	삭음견딜성(—性)
내야수(內野手)	안마당지기(야구 용어)
내외(內外)	내우(남녀칠세부동석)
내장탕(內臟湯)	내포국(內包—)
내한성(耐寒性)	추위견딜성(—性)
내해(內海)	안바다
내화구조(耐火構造)	불견딜구조(—構造)
내화성(耐火性)	불견딜성(—性)
내화재료(耐火材料)	불견딜감
냄비	쟁개비
냇둑(통방천(防川))	내뚝
냇물	내물
냉대하다(冷待—)	미우다

남한 표준어	북한 문화어
냉동선(冷凍船)	얼굼배
냉동식품(冷凍食品)	얼군제품(一製品) *
냉면(冷麵)	찬국수 *
냉소(冷笑)	찬웃음 *
냉수욕(冷水浴)	찬물미역 *
냉장고(冷藏庫)	냉동고(冷凍庫)
냉차(冷茶)	찬단물
너무	지내
너저분하다	게틀레하다
넉넉하다	늘늘하다
넓은품	한품
넓은하늘	하늘바다
넓적다리	신다리
넓죽	납작납작
네트오버(net over)	손넘기(배구 용어)
넥타이 핀(neck tie pin)	넥타이꽂개(neck tie—)
노동(勞動)	역사질(役事—)
노동화(勞動靴)	지하족(地下足)
노려보다	지르보다
노상(⑤줄곧)	노방
노크(knock)	손기척 *
노트북(note book)	학습장형콤퓨터(學習帳形computer)
녹말가루(綠末—)	농마가루
녹색식물(綠色植物)	풀색식물(—植物) *
녹아웃(knock out, KO)	완전넘어지기(完全—)
녹음방송(錄音放送)	록음보도(錄音報道)
녹조류(綠藻類)	풀색마름식물(—色—植物)
녹지대(綠地帶)	위생림(衛生林)
녹지지역(綠地地域)	록지띠(綠地—)
녹차(綠茶)	푸른차(—茶) *
놀리다	시까스르다

남한 표준어	북한 문화어
농담(濃淡)	질음새
농산물공장(農産物工場)	곡산공장(穀産工場)
농성투쟁(籠城鬪爭)	버티기투쟁(—鬪爭)
농업경제(農業經濟)	농촌경리(農村經理)
농지정리(農地整理)	포전정리(圃田整理)
높은음자리표(—音—標)	고음기호(高音記號) *
높임말을 쓰다	옙하다
뇌물(賂物)	꾹돈
누그러지다	눅지다
누룽지	가마치
누명(陋名, 통불명예(不名譽))	감투(벼슬과 누명의 두 가지 뜻)
눈병(—病, 통안염(眼炎))	눈앓이
눈사태(—沙汰)	눈고패
눈속임	눈발림
눈송이	눈꼬치
눈시울	눈굽
눈썰미	눈정신(—精神)
눈짐작(—斟酌, 통눈대중)	눈가량
눈초리	눈귀
눈총(—銃)	눈딱총(—銃)
눈치	눈기
뉘앙스(nuance)	뜻빛갈 *
느글느글	니얼니얼
느끼다	감촉하다(感觸—)
늘(통줄곧)	지써
늘어지다	척근하다
늙은남자(—男子)	두상태기
늙은여자(—女子, 통노파)	안늙은이
능선(稜線)	재등
늦가을	마가을
늦여름	마여름
늪(통소(沼))	사득판

남 거북
⇔ 북 거부기

남 돌고래
⇔ 북 곱등어

남 물개
⇔ 북 바다개

남 불가사리
⇔ 북 삼바리

남 오징어
⇔ 북 낙지

남 장닭, 수탉
⇔ 북 무닭

남 판다
⇔ 북 참대곰

남 거위
⇔ 북 게사니

남 하마
⇔ 북 물말

ㄷ

남한 표준어	북한 문화어
다그치다	다과대다
다급하다(多急—)	급해맞다(急—)
다리미질선(다리미질로 생긴 줄)	다림발([동]다리미날, 다리미줄)
다림추(—錐, [동]수직추(垂直錘))	가늠추(—錐)
다사다망하다(多事多忙—)	다사분망하다(多事奔忙—)
다식증(多食症)	게걸증(—症)
다운(down)	맞아넘어지기(권투 용어)
다이너마이트(dynamite)	남포약(—藥)
다이빙(diving)	물에 뛰여들기
다이어트(diet)	몸까기([동]살까기)
다항식(多項式)	여러다미식
단숨(單—)	대숨
단거리(短距離)	짧은거리 *
단단하다([동]똑똑하다)	여돌차다
단독드리블(單獨dribble)	단독돌입(單獨突入)
단면도(斷面圖)	자름면그림
단모음(單母音)	홑모음(—母音) *
단무지	무우겨절임
단발머리(短髮—)	중발머리(中髮—)
단방(單放)	단매([동]한방, 한번)
단백질(蛋白質)	계란소(鷄卵素)
단비	꿀비 *
단성화(單性花)	한성꽃(—性—)
단식(單式)	홑식(—式) *
단자음(單子音, [동]홑닿소리)	홑자음(—子音) *
단점(短點)	부족점(不足點)
단짝 친구(—親舊)	딱친구(—親舊)
단항식(單項式)	홑마디식(—式)
닫아걸다	닫아매다
달러(dollar)	딸라([동]외폴)
달아나다	달아빼다

남한 표준어	북한 문화어
닭고기장국(一醬一)	온반(溫飯)
닭고기튀김	닭유찜
닭싸움	무릎싸움
(감정·표정 등이) 담겨 있다(튕나타나다)	비끼다
담낭결석증(膽囊結石症)	열돌증(一症)
담즙(膽汁)	열물(熱一)
당나귀(唐一)	하늘소
당면(唐麵)	분탕(粉湯)
당원(黨員)이 되다	증(證)을 타다
당조직(黨組織)	당세포(黨細胞)
당좌수표(當座手票)	한도행표(限度行票)
당직근무(堂直勤務)	직일근무(直日勤務)
당첨번호(當籤番號)	맞은번호
대각(對角)	맞은각(一角) *
대강(大綱) 처리하다(處理一)	굼때다
대검(帶劍)	날창(一槍)
대검찰청(大檢察廳)	중앙검찰소(中央檢察所)
대기실(待機室)	기다림칸
대님	고매끼(한복 용어)
대단하다	희한하다(稀罕一)
대련(對鍊, 튕겨루기)	맞서기
대머리	번대머리
대문자(大文字)	큰글자(一字)
대법원(大法院)	중앙재판소(中央裁判所)
대분수(帶分數)	데림분수(一分數)
대소수(帶小數)	데림소수(一小數)
대야	소래
대입법(代入法)	갈아넣기법 *
대장(大腸)	굵은밸(튕큰창자)
대장장이	단야공(鍛冶工)

남한 표준어	북한 문화어
대중가요(大衆歌謠)	군중가요(群衆歌謠)
대중목욕탕(大衆沐浴湯)	공동욕탕(公同浴湯)
대패밥	나무밥([동]톱밥)
대표선수(代表選手)	선수권보유자(選手權保有者)
댄스(dance, [동]춤)	단스(dance)
댐(dam)	언제(堰堤)
댓돌(臺—)	퇴돌
더럽다	튀튀하다
더부살이([동]머슴살이)	담살이
덜렁거리다	건숭맞다
덤	더넘이
덤핑(dumping)	막팔기 *
덥석	겁석
덩굴([동]넝쿨)	넉줄
데이터(data)	데터(data)
데이터베이스(data base)	자료기지(資料基地)
덴마크(국가명)	단마르크(국가명)
도넛(doughnut)	가락지빵(—pão) *
도둑질	야경벌이(夜警—)
도루묵	도루메기
도마(跳馬, [동]뜀틀)	조마(造馬)
도수로(導水路)	끌물길
도시락	곽밥([동]밥곽, 점심곽)
도약경기(跳躍競技)	조약경기(跳躍競技)
도열병(稻熱病)	벼열병(—熱病) *
도와주다	방조하다(幇助—)
도움닫기([동]조주(助走))	밟아달리기
도착하다(到着—)	가닿다
도화선(導火線)	불심지(—心—)
도화지(圖畵紙)	그림종이
독립가옥(獨立家屋)	외딴집 *

남한 표준어	북한 문화어
독수공방(獨守空房)	공방살이(空房—)
독일(국가명)	도이췰란드(국가명)
독장수셈(㊌옹산(甕算))	독장수구구(—九九)
돈놀이	변놀이(邊—)
돈을새김(㊌양각(揚角))	뚫음새김
돌고래	곱등어(—魚)
돌뿌리	돌뿌다귀
돌아다니다(㊌쏘다니다)	돌아치다
돌아다보다	돌따보다
돌아서다	돌따서다
돌연변이(突然變異)	갑작변이(—變異) *
돌연사(突然死)	갑작죽음 *
돌파구(突破口)	구멍수
돌풍(突風)	갑작바람 *
동그스름하다	동시랍다
동떨어지다	동떼다
동상(凍傷)	언상처(—傷處) *
동시녹음(同時錄音)	그자리녹음(—錄音)
동심원(同心圓)	한중심원(—中心圓)
동아리	소조(小組)
동양화(東洋畵)	조선화(朝鮮畵)
동의어(同義語)	뜻같은말 *
동일법칙(同一法則)	같기법칙(—法則)
동전(銅錢)	짤락돈 *
동해(凍害)	얼굼피해(—被害)
돼지감자(㊌뚱딴지)	뚝감자
돼지쓸개	돼지열물
되넘기	되거리(사서 곧 다시 파는 것) *
되는대로	마구망탕 *
되바라지다	발그라지다
되풀이하다(㊌되뇌다)	곱놓다

남한 표준어	북한 문화어
된서리	강서리 *
두건(頭巾)	베감투
두근거리다	활랑거리다
두둑하다(수북하게 쌓이다)	무둑하다
두드러기	가렴돋이 *
두레박	드레박 *
두유(豆乳)	콩우유(—牛乳) *
두통(頭痛)	머리아픔 *
둔각(鈍角)	무딘각(—角) *
(순서가) 뒤섞이다	삭갈리다
뒤집다([동]파다)	뚜지다
뒤척이다	궁싯궁싯하다
뒤탈(—頉)	등탈(—頉, 생각 외로 생긴 일)
뒷걸음질	물레걸음
뒷받침	안받침
뒷산(—山)	뒤산(—山)
드디어	드디여 *
드라이어(drier)	건발기(乾髮機) *
드라이클리닝(dry cleaning)	화학세탁(化學洗濯, [동]화학빨래(化學—)) *
드러나다	발로되다(發露—)
드러내다	빠개다 *
드레스(dress)	나리옷 *
드리블(dribble)	몰기(축구 용어) *
드문드문	도간도간
들것	맞들이
들길	벌길
들락날락하다	날면들면하다 *
들먹이다	거들다
들을재미	귀맛 *
들키다([동]들통나다)	들장나다

남한 표준어	북한 문화어
듬직하다(통믿음직하다)	끌끌하다
등식(等式)	같기식(一式) *
등쌀	드살
등장(登場)	나오기 *
등호(等號)	같기기호(一記號) *
디딜방아	발방아 *
디딤돌	구팡돌
디지털카메라(digital camera)	수자식사진기(數字式寫眞機)
딜레마(dilemma, 통난처(難處))	난통 *
(날씨·느낌·마음씨 등이) 따뜻하다	후덥다
따발총(一銃)	따바리
따스하다	따따하다 *
딸기잼(一jam)	딸기단졸임 *
딸꾹질	피게
딸딸이	딸따리(경운기(耕耘機)의 속된 말)
땅강아지	도루래
때(통기회)	까리
때우다	에우다
떠들어대다	과따대다
떠맡기다	밀맡기다
떡고물	떡보숭이
뗏목작업(一作業)	떼무이
뚝배기	툭수리
뚱딴지	왕청
뚱뚱하다	나다 *
뜨끔하다	띠끔하다 *
뜬소문(一所聞)	뜬말
뜸하다	즘줏하다
띄어쓰기	띠여쓰기 *

ㄹ

남한 표준어	북한 문화어
라디오(radio)	라지오(radio)
라면	꼬부랑국수 *
라이베리아(국가명)	리베리아(국가명)
러시아(국가명)	로씨야(국가명)
럭비(rugby)	투구(投球) *
레일(rail)	레루(rail)
레코드(record)	소리판
레프트윙(left wing)	왼쪽날개(축구 용어)
로션(lotion)	기름크림(—cream)
로열젤리(royal jelly)	왕벌젖(王—) *
로켓포(rocket砲)	방사포(放射砲)
로터리(rotary)	도는네거리 *
롤러(roller)	굴개 *
롱패스(long pass)	긴공연락(—連絡)
루마니아(국가명)	로무니아(국가명)
리그전(league戰)	련맹전(聯盟戰) *
리듬(rhythm)	흐름새
리듬체조(rhythm體操)	예술체조(藝術體操) *
리본(ribbon)	댕기 *
리본체조(ribbon體操)	댕기운동(—運動) *
리볼버(revolver)	나간권총(nagan拳銃)
리어카(rear car)	손수레 *
리투아니아(국가명)	리뜨바(국가명)
립스틱(lip stick)	입술연지(—臙脂) *
링운동(ring運動)	륜체조(輪體操, [동]고리체조) *

💬 집

남 주택
⇔ 북 살림집

남 주방
⇔ 북 부엌방

남 화장실
⇔ 북 위생실

남 거실
⇔ 북 전실, 살림방

남 계단
⇔ 북 디대

남 커튼
⇔ 북 창가림막

남 베란다
⇔ 북 내밈대

남 개수대, 싱크대
⇔ 북 가시대

남 출입문
⇔ 북 나들문

ㅁ

남한 표준어	북한 문화어
마구 신다	걷어신다
마구잡이	마구다지
마구([동]되는대로)	망탕
마네킹(mannequin)	몸틀
마니아(mania, [동]광기(狂氣))	질군
마라톤(marathon)	마라손(marathon)
마련하다([동]건설하다(建設—))	꾸리다
(물 또는 물기 등이) 마르다	건건하다(乾乾—)
마무리([동]끝맺음)	뒤거두매
마분지(馬糞紙)	판종이(板—)
마스카라(mascara)	눈썹먹 *
마스크(mask)	얼굴가리개 *
마애불(磨崖佛)	벼랑부처 *
마음 졸이다	옥죄다
마이너스(minus)	미누스(minus)
마이신(mycin, [동]항생제(抗生劑))	미찐(mycinum)
마찰(摩擦)	쓸림
마찰음(摩擦音)	스침소리 *
막간극(幕間劇)	사이극(—劇) *
막대그래프(—graph)	막대도표(—圖表) *
막무가내(莫無可奈)	허궁치기
막바지	마감고비
막판	망판
만담(漫談)	재담(才談) *
만만하다	만문하다
만반(萬般)	만단(萬端)
만수기(滿水期)	물찬때 *
만장일치(滿場一致)	일치가결(一致可決) *
만조(滿朝)	참물
만화(漫畵)	이야기그림

남한 표준어	북한 문화어
만화영화(漫畵映畵, [동]애니메이션(animation))	그림영화(—映畵)
(기회 등이) 많다	약차하다
많이	오구구
말괄량이	사내번지개
말다툼	입다툼
말머리	말초리
말수(—數, [동]말솜씨)	말수더구
맛소금	맛내기소금 *
망설이다([동]머뭇거리다)	바재이다
망초	잔꽃
맞벌이세대(—世代)	직장세대(職場世代)
매대기	매닥질(정신없는 몸짓)
매스게임(mass game)	집단체조(集團體操) *
매우([동]대단히, 아주)	퍼그나
매진하다(邁進—)	모를 박다
매캐하다	알씬하다
매트(mat)	체조깔개(體操—)
매트리스(mattress)	마다라스(matras)
맥(脈)	맥살(脈—)
맨홀(manhole)	망홀(manhole)
(연기 등이) 맵다	내구럽다
맷돌	망돌([동]망짝)
맹꽁이	안타깨비(아둔한 사람)
맹장(盲腸)	막힌밸 *
맹종(盲從, [동]복종(僕從))	맹종맹동(盲從盲動)
머릿살	머리살
먹보([동]식충이(食蟲—))	먹세기
먼저	선참(先站)
멀리뛰기	너비뛰기
멋있다([동]야무지다)	쩡하다

남한 표준어	북한 문화어
멍청하다	얼뜬하다
메가폰(megaphone)	고깔나팔(—喇叭) *
메뉴(menu)	료리차림표(料理—表) *
메달권(medal圈)	순위권(順位圈)
메리야스(medias)	뜨게옷 *
메모(memo)	적어두기 *
메조소프라노(mezzo soprano)	녀성중음(女性中音)
메트로놈(metronome)	박절기(拍節器, 음악 용어) *
멕시코(국가명)	메히꼬(국가명)
멜로디언(melodion)	입풍금(—風琴) *
멜빵	멜바(통질바)
멜빵바지	멜끈바지
멧돼지	메돼지
멱살	멱다시(통살멱)
멱서리	멱들이(짚으로 만든 그릇) *
면접(面接)	인물심사(人物審査) *
면직(綿織)	목자(木—)
멸균(滅菌)	균(菌) 깡그리 죽이기
명도(明度)	밝음도(—度) *
명란젓(明卵—)	알밥젓
명령문(命令文)	시킴문(—文)
명백하다(明白—, 통뚜렷하다)	헨둥하다
명수(名數)	이름수(—數)
명암(明暗)	검밝기
명태정액(明太精液, 통어백(魚白))	고지(명태의 이리, 알, 내장)
모(두부의 단위)	체(도토리묵의 단위)
모금(募金)	모연금(募捐金)
모노드라마(mono drama)	독연극(獨演劇) *
모눈종이(통방안지(方眼紙))	채눈종이 *
모닥불	우등불
모락모락	몰몰

남한 표준어	북한 문화어
모로코(국가명)	마르끄(국가명)
모범근로자(模範勤勞者)	로력혁신자(勞力革新者)
모세관(毛細管)	실관(—管)
모심기(통모내기, 손으로 심는 모)	손모
모여서다	몰켜서다
모음탈락(母音脫落)	모음빠지기(母音—) *
모이주머니(통멀떠구니)	먹주머니
모자이크(mosaic)	쪽무늬그림(통쪽무이그림) *
모잽이(통옆방향)	모재비 *
모직(毛織)	털실천 *
모질음(모질게 쓰는 힘)	모지름 *
모체공장(母體工場)	어머니공장 *
모퉁이	굽인돌이
목돈(통뭉칫돈)	주먹돈
몰려붙다	몰붙다
몰려서 나오다(통쓸려 나오다)	바라나오다(통쓸어나오다)
몰매(통뭇매, 집단구타(集團毆打))	모두매
몸단속(—團束)	몸닥달
몸부림치다	뒤채기다
몸수색(—搜索)	몸뒤짐
몸이 야위다	몸이 까다
몸체(—體)	체대(體臺)
몸치장(—治粧)	몸거둠
몽땅(통여지없이)	깨깨
몽타주(montage)	판조립(版組立)
묘책(妙策)	묘득(妙得)
무기력하다(無氣力—)	무맥하다(無脈—)
무대막(舞臺幕)	주름막(—幕)
무던하다	푸수하다
무덥다	찌물쿠다
무뚝뚝이(무뚝뚝한 사람)	뚝박새 *

남한 표준어	북한 문화어
무말랭이	무우오가리
무상교육(無償敎育)	면비교육(免費敎育)
무선호출기(無線呼出機, 툉삐삐)	주머니종(—鐘)
무시하다(無視—)	차요시하다(次要視—)
무심결(無心—)	무중(無中)
무안(無顏)을 당(當)하다	꼴을 먹다
무전기(無電機)	무선대화기(無線對話機)
무지개	색동다리(色—)
묶음(툉조합(組合))	무이
문맹자(文盲者)	글장님
문장(文章)	글토막
문전처리(門前處理)	문전결속(門前結束)
문지르다(툉문대다)	문다지다
물갈퀴	발가락사이막(—膜)
물개	바다개
물구나무서기	거꾸로서기
물들다	물젖다
물러나다	굴러나다
물리치료사(物理治療士)	준의(準醫)
물밥	무랍(물에 마른 밥)
물안경(—眼鏡)	창경(窓鏡)
물컵(—cup)	물고뿌(—cup)
뭉게구름	더미구름
뭉텅(툉몽탕)	뭉청
뭉툭하다(툉굵다)	툭하다
뮤지컬(musical)	가무이야기(歌舞—) *
미끄러지다	미츠러지다
미끈하다(툉가지런하다)	그쓴하다
미덥지못하다	뛰뛰하다
미리(툉아예)	저리
미소(微笑)	볼웃음 *

남한 표준어	북한 문화어
미숙아(未熟兒)	달못찬아이 *
미얀마(국가명)	먄마(국가명)
미역국을 먹다(통낙방하다(落榜—))	락제(落第)국을 먹다 *
미용(美容)	머리단장(—丹粧) *
미지수(未知數)	모르는수(—數) *
미풍(微風)	가는바람 *
미혼모(未婚母)	해방처녀(解放處女)
민간요법(民間療法)	토법(土法)
민간인(民間人)	사민(私民, 통사회사람(社會—))
민간항공(民間航空)	민용항공(民用航空)
민속놀이(民俗—)	민간오락(民間娛樂)
밉살스럽다(얄밉고 재수없다)	퇴매하다
밑도끝도없이	머리꼬리없이
밑바닥(통하위계층(下位階層))	하바닥(下—, 통하위계층(下位階層))
밑줄	아래줄

남 냉장고
⇔ 북 냉동고

남 드라이어
⇔ 북 건발기

남 디지털카메라
⇔ 북 수자식사진기

남 라디오
⇔ 북 라지오

남 에어컨
⇔ 북 랭풍기

남 전기밥솥
⇔ 북 전기밥가마

남 컬러텔레비전
⇔ 북 색텔레비죤

남 핸드폰
⇔ 북 손전화

남 노트북
⇔ 북 학습장형콤퓨터

ㅂ

남한 표준어	북한 문화어
바다표범(—豹—)	넝에
바닷가	바다가
바둑이	바둑개*
바람둥이	련애군(戀愛君)
바리톤(baritone)	남성중음(男性中音)
바보	올꾼이
바쁘다	어렵다
바쁘다	바빠맞다
바싹바싹	바질바질
바위틈	바위짬
바인더(binder)	종이끼우개*
바지선(barge船)	바다뜬작업대(—作業臺)
바티칸(Vatican)	바띠까노(Vatican)
박살나다(撲殺—)	박산나다(撲散—)
박스(box)	지함(紙函)
박치기	골받이
반죽음(半—)	얼죽음
반격(反擊)	반타격(反打擊)
반동(反動)	반충(反衝)
반드시	불원코(不遠—)
반딧불이([동]개똥벌레)	불벌레
반바지(半—)	무릎바지
반의어(反意語)	뜻반대말(—反對—)
반찬(飯饌)	찔게([동]건건이)
반환점(返還點)	돌아오는점(—點, [동]돌이점(—點))
받들어총(—銃)	영접들어총(迎接—銃)
받아들이다	받아물다
발거름	걸음발
발광(發光)	빛내기
발광지(發光紙)	빛종이
발아율(發芽率)	싹트는률(—率)

남한 표준어	북한 문화어
발착선(發着線)	나들선(—線)
발췌(拔萃)	발취(拔取)
발화(發火)	불일기
발효(醱酵)	띄우기
밤을 새우다	밤을 패다
밥그릇	밥바리
밥벌레	밥도적(—盜賊) *
밥줄(⑤밥통)	밥탁(—託)
방그레(⑤방긋)	벌씬
방년(芳年)	꽃나이
방망이	방치
방목장(放牧場)	자연목장(自然牧場)
방부제(防腐劑)	썩음막이약(—藥)
방수(防水)	물막이 *
방습(防濕)	누기막이 *
방식제(防蝕劑)	삭음막이감
방음벽(防音壁)	소리막이벽(—壁)
방조제(防潮堤)	미세기뚝
방직공장(紡織工場)	직포공장(織布工場)
방첩영화(防諜映畵)	반탐영화(反探映畵)
방청소(房淸掃)	방거두매(房—)
방취제(防臭劑)	냄새막이약(—藥)
방치되다(放置—)	묵어나다
방한복(防寒服)	추위막이옷
방해(妨害, ⑤훼방(毀謗))	쏠라닥
방화(防火)	불막이 *
방화벽(防火壁)	불막이벽(—壁) *
방화선(防火線)	산불막이선(—線)
배낭(背囊)	멜가방 *
배당되다(配當—)	차례지다(次例—)
배드민턴(badminton)	바드민톤(badminton)

남한 표준어	북한 문화어
배면뛰기(背面―)	누워뛰기
배수(倍數)	곱절수(―數) *
배수로(排水路)	뺄물길 *
배신자(背信者)	제편잡이(―便―)
배영(背泳)	누운혜염 *
배우자(配偶者)	짝씨
배웅하다	냄내다
배지(badge, 圖휘장(徽章))	빠찌(badge)
배탈(―頉)	배중
배포(排布)	어벌
백미(白米)	밀쌀
백신(vaccine)	왁찐(vakzin)
백일해(百日咳)	백날기침(百―) *
백토(白土)	흰흙 *
버겁다	베차다
버라이어티쇼(variety show)	노래춤묶음
버리다	쩨버리다
버튼(button)	자동단추(自動―)
번듯하다(圖편하다, 밝아지다)	번하다
벌집	벌둥지
벌렁코(圖들창코)	발딱코(圖사자코) *
벌목(伐木)	나무베기 *
벌어지다(틈이 생기다)	바름하다
벗기다(圖밝혀내다)	발그다
벙어리장갑(―掌匣, 卽손가락장갑(―掌匣))	통장갑(―掌匣, 卽가락장갑(―掌匣)) *
벙커(bunker, 圖참호(塹壕))	전호(戰壕)
베란다(veranda)	내밈대(―臺, 圖내민층대(―層臺))
베레모(beret帽)	둥글모자(圖帽子)
베어링(bearing)	축받치개(軸―)
베이스(bass)	남성저음(男聲低音) *

남한 표준어	북한 문화어
베트남(국가명)	웰남(국가명)
벨기에(국가명)	벨지끄(국가명)
벼락부자(一富者)	갑작부자(一富者)
벼타작(一打作)	벼바심
벽오동나무(碧梧桐一)	청오동나무(青梧桐一)
변태(變態, [동]탈바꿈)	모습갈이
별똥([동]유성(流星))	별찌
별표(別表, [동]부표(附表))	붙임표(一表)
보각(補角)	보탬각(一角)
보름달	옹근달
보모(保姆)	보육원(保育員)
보온성(保溫性)	따슴성(一性) *
보온재(保溫材)	열막이감(熱一) *
보조개	볼샘([동]오목샘) *
보좌관(補佐官)	서기(書記)
보증수표(保證手票)	지불행표(支拂行票)
보태주다	덧주다
보통사람(普通一)	좀체사람
보통일(普通一)	거저일
보트(boat)	젓기배
보호조(保護鳥)	보호새(保護一) *
복대(腹帶)	배띠 *
복막(腹膜)	배막(一膜) *
복습(復習)	되익힘
복어	보가지
복원(復原)	개건(改建)
복잡해지다(複雜一)	뒤번지다
복지사업(福祉事業)	후방공급사업(後方供給事業)
볶다	닦다
볶음밥	기름밥
볼멘소리	볼먹은소리

남한 표준어	북한 문화어
볼펜(ball pen)	원주필(圓珠筆)
봇도랑(洑一)	보도랑(洑一)
봇돌(洑一)	보돌(洑一)
부동자세(不動姿勢)	한본새(一本一)
부등호(不等號)	안같기기호(一記號)
부딪치다([동]건배하다(乾杯一))	쨍다
부랑아(浮浪兒)	꽃제비
부력(浮力)	뜰힘 *
(눈을) 부릅뜨다	(눈을) 흡뜨다
부서지다	마사지다
부수다([동]깨뜨리다)	마스다([동]부시다)
부스스하다	꾸시시하다
(부아, 허파가) 터지다	요글요글하다 *
부엌청소	부엌거두매
부전지(附箋紙)	붙임쪽지(一紙) *
부종(浮腫)	붓기
부차적(副次的)	사말적(些末的)
부착(附着)	붙기
부착력(附着力)	붙을힘 *
부추기다	추동하다(推動一)
부츠(boots, 여성용)	왈렌끼
부표(浮標, [동]낚시찌)	동동이 *
부화율(孵化率)	알깨움률(一率) *
북새([동]법석)	복새
북적북적	욱닥욱닥
북한표준말(北韓標準一)	평양말(平壤一)
분풀이(憤一, [동]화풀이(火一))	밸풀이
분무기(噴霧器, [동]스프레이(spray))	뿌무개
분유(粉乳)	가루젖 *
분출구(噴出口)	뿜이구멍
불가리아(국가명)	벌가리아(국가명)

남한 표준어	북한 문화어
불가사리(극피동물)	삼바리
불구대천지원수(不具戴天之怨讐)	대천지원수(戴天之怨讐) *
불꾸러미	불꾸레미
불도저(bulldozer)	불도젤(bul'dozer)
불량(不良, 圖부실(不實))	오작(誤作)
불콰하다	불카하다
불티(圖불똥)	불찌
브래지어(brassiere)	젖싸개(圖가슴띠) *
브이씨알(VCR)	록화기(錄畵機) *
블라우스(blouse)	양복적삼(洋服—)
블로킹(blocking)	막기(배구 용어)
비교(比較)	비김
비닐하우스(vinyl house)	비닐온실(vinyl溫室) *
비동맹국가(非同盟國家)	뿔럭불가담나라(block不可擔—)
비문관리자(秘文管理者)	기요원(機要員)
비밀경찰(秘密警察)	보위원(保委員)
비밀아지트(秘密agitpunkt)	비트('비밀아지트'의 준말)
비상계단(非常階段)	비상층대(非常層臺)
비석(碑石)	비돌(碑—)
비염(鼻炎)	코염(—炎) *
비중(比重)	견줌무게
비철금속(非鐵金屬)	유색금속(有色金屬)
비축미(備蓄米)	예비곡(豫備穀) *
비치발리볼(beach volly ball)	모래터배구(—排球) *
비틀거리다	비칠거리다
비틀다	탈다
비판(批判)·토론(討論)의 대상으로 삼다	문제(問題) 세우다
빈그루(圖빈포기)	결주(缺柱)
빈대떡	녹두지짐(綠豆—, 圖빈자)
빈틈없다	깐지다

남한 표준어	북한 문화어
빗방울	비꼬치
빗살무늬토기(―土器)	새김무늬그릇
빙설(氷雪)	얼음눈
빙수(氷水)	단얼음
빙판(氷板)	강판(江板)
빚보따리	빚구럭
빠져나가다(통새다, 빗나가다)	가로새다 *
빤하다	빤드름하다
빨래방망이	빨래방치
빨리	날래(통와다닥)
빼기	덜기 *
빼닮다(통똑같다)	먹고닮다
빼먹다	뚜꺼먹다
빼빼(몹시 여위어 마른 모양)	깨깨
뻔질나게	뻔닿게

남 드레스
⇔ 북 나리옷

남 배낭
⇔ 북 멜가방

남 수영복
⇔ 북 헤염옷

남 스커트
⇔ 북 양복치마

남 원피스
⇔ 북 달린옷, 외동옷

남 벙어리장갑
⇔ 북 통장갑

남 스카프
⇔ 북 목수건

남 스타킹
⇔ 북 살양말

남 부츠
⇔ 북 왈렌끼

남한 표준어	북한 문화어
사건(事件)	사변(事變)
사고뭉치(事故—, 동짤짤이)	팔방돌이(八方—) *
사과잼(—jam)	사과단졸임
사과주스(—juice)	사과단물
사교(社交)	벗사귐
사근사근하다(동싹싹하다)	연삽하다
사납다(성미 등이 모질고 억세다)	걸싸다(동표표하다)
사례가 들리다	개끼다
사례발표회(事例發表會)	경험교환회(經驗交換會) *
사료작물(飼料作物)	먹이작물(—作物)
사립문(—門)	바자문(—門)
사망률(死亡率)	죽는률(—率) *
사무직근로자(事務職勤勞者)	근로인테리(勤勞intelli)
사물(私物)	사품(私品)
사방(四方, 여러 군데)	사군데(四—)
사병(士兵)	전사(戰士)
사분음표(四分音標)	사분소리표(四分—標)
사사건건(事事件件)	사사모사(事事某事)
사생화(寫生畵)	본모양그림(本模樣—)
사소하다(些少—)	꿈만하다
사시(斜視)	삘눈
사실혼부부(事實婚夫婦)	뜨게부부(—夫婦)
사육사(飼育師)	사양공(飼養工)
사이짓기	사이그루(동간작(間作))
사이드브레이크(side brake)	손제동기(—制動機) *
사이렌(siren)	고동 *
사이사이(동종종(種種))	두간두간
사제권총(私製拳銃)	자작권총(自作拳銃)
사족(四足)을 못 쓰다	오륙(五六)을 못 쓰다
사지(死地)	죽을고
사칙연산(四則演算)	넉셈

남한 표준어	북한 문화어
사타구니(⑤샅, 허벅지의 상단)	부샅
사탕수수(沙糖—)	단수수
사포(沙布)	갈이종이
사회체육(社會體育)	군중체육(群衆體育)
사회초년생(社會初年生)	학생물림(學生—)
삭발(削髮)	빤빤머리
산란(産卵)	알낳이
산란기(産卵期)	알쓸이철(⑤알낳이철)
산란율(産卵率)	알낳이률(—率)
산맥(山脈)	산줄기 *
산업재해(産業災害)	로동재해(勞動災害)
산업체부설대학(産業體敷設大學)	공장대학(工場大學) *
산중턱(山中—)	산탁(山—)
산책로(散策路)	거님길
산패(酸敗)	산썩음
살구잼(—jam)	살구단졸임 *
살균(殺菌)	균죽이기(菌—) *
살금살금	발면발면
살수차(撒水車)	물뿌림차(—車)
살얼음	얼음버캐(잘 부서지는 얼음)
살충제(殺蟲劑)	벌레잡이약(—藥) *
살코기	때살
살펴보다	여살피다
삼각근(三角筋)	삼각살(三角—)
삼계탕(蔘鷄湯)	닭곰
삼국시대(三國時代)	세나라시기(—時期)
삼복철(三伏—)	복거리(伏—)
삼척동자(三尺童子)	세살난아이(⑤세난아이) *
삼투압(滲透壓)	스밈압력(—壓力)
삽입어(挿入語)	끼움말
삿대질	손가락총질(—銃—)

남한 표준어	북한 문화어
상급자(上級者)	아바이(나이가 많은 남자)
상급침대(上級寢臺)	연침(軟寢)
상기되다(上氣—)	상혈되다(上血—)
상대방(相對方, ⓑ상대편(相對便))	대방(對方)
상류(上流)	물우
상여금(賞與金)	가급금(加給金)
상이하다(相異—)	각이하다(各異—)
상이군인(傷痍軍人)	영예군인(榮譽軍人) *
상추(채소의 이름)	부루(채소의 이름)
상행(上行)	올리방향(—方向)
상형문자(象形文字)	모양글자(模樣—字) *
상호(相互)	호상(互相)
새알심(—心, 찹쌀로 만든 것)	동그랭이(밀가루로 만든 것)
(밤을) 새우다	(밤을) 패다
새치기	사이치기
색감(色感)	색느낌(色—)
색깔(色—)	색갈(色—)
색다르다(色—)	맛다르다 *
샛바람	새바람
생리대(生理帶)	위생대(衛生帶) *
생리통(生理痛)	달거리아픔 *
생맥주(生麥酒)	날맥주(—麥酒) *
생수(生水, ⓑ약수(藥水))	샘물
생활필수품(生活必需品)	인민소모품(人民消耗品)
샤프펜슬(sharp pencil)	수지연필(樹脂鉛筆) *
샴페인(champagne)	샴팡(champagne)
샴푸(shampoo)	머리비누
샹들리에(chandelier)	무리등(—燈, ⓑ장식등(裝飾燈))
서두르다	설레발을 치다
서랍	뻬람
서막(序幕)	머리막(—幕)

남한 표준어	북한 문화어
서명하다(署名—, [동]사인하다)	수표하다(手票—)
서브(serve)	쳐넣기(배구 용어)
서비스업(service業)	편의봉사망(便宜奉仕網)
서사시(敍事詩)	이야기시(—詩) *
서수(序數)	차례수사(次例數詞)
서운하다([동]아쉽다)	야싸하다
석면사(石綿絲)	돌솜실
석사(碩士, 다음은 박사(博士))	학사(學士, 다음은 박사(博士))
석실분(石室墳)	돌칸흙무덤
석탄(石炭)	검은금(—金)
석호(潟湖)	바다자리호수(—湖水)
섞박지(김치의 한 종류)	써레기김치 *
선명하다(鮮明—, [동]확실하다(確實—))	쨰쨰하다
선반	당반
선발(選拔)	제발(提拔)
선별(選別)	고르기 *
선선하다	선기(—氣)가 나다
선수촌(選手村)	체육촌(體育村)
선잠	숫잠 *
선행(善行)	소행(所行)
설명하다((說明—, [동]해설하다(解說—))	침투하다(浸透—)
설탕(雪糖)	사탕가루(砂糖—)
설태(舌苔)	혀이끼 *
성과(成果)를 내다	은(銀)을 내다
성년(成年)	자란이
성대모사(聲帶模寫)	모의발성법(模擬發聲法)
성실하다(誠實—)	성근하다(誠勤—)
성어(成魚)	엄지물고기 *
성적표(成績表)	성적증(成績證)
성전환(性轉換)	성달라지기(性—)

남한 표준어	북한 문화어
세미나(seminar)	학습토론(學習討論) *
세밀화(細密畵)	잔그림
세배(歲拜)	설인사 *
세차게 흐르다	사품치다
세척기(洗滌器)	수세기(水洗器)
세탁소(洗濯所)	빨래집 *
센터링(centering)	중앙(中央)으로 꺾어차기
센터포워드(center forward)	중앙공격수(中央攻擊手, 축구 용어)
셀로판지(cellophane紙)	빨락종이
셋방살이(貰房—)	동거살이(同居—) *
소개장(紹介狀)	소개신(紹介信)
소괄호(小括弧)	작은묶음표(—表)
소꿉친구(—親舊)	송아지동무
소나기	한소나기
소등(消燈)	등불끄기
소라	바다골뱅이 *
소란(騷亂)	분주탕(奔走—, [동]쿵창판)
소름끼치다([동]몸서리치다)	으스레를 치다
소매치기	따기군
소수(小數)	씨수(—數)
소시지(sausage)	고기순대 *
소심하다(小心—, [동]쩨쩨하다)	하소하다(下小—)
소장(小腸)	가는밸([동]작은창자)
소총(小銃)	보총(步銃)
소풍(消風)	들모임
소프라노(soprano)	녀성고음(女聲高音) *
소형택시(小型taxi)	발바리차(—車)
소화물(小貨物)	잔짐
속궁리(—窮理)	속궁냥
속내(—內, [동]내막(內幕))	켜속
속눈썹	살눈섭

남한 표준어	북한 문화어
속보(速報)	소보(小報)
속셈	속구구(—九九)
속여 넘기다	업어넘기다
속임수(—數)	얼림수(—數, ⑤오그랑수(—數), 흐림수(—數))
손가락장갑(—掌匣, ⑭벙어리장갑(—掌匣))	가락장갑(—掌匣, ⑭통장갑(—掌匣)) *
손가방	들가방
손님치르기	일무리
손도장(—圖章, ⑤지장(指章))	수장(手章)
손뼉	손벽
손아귀	손탁
손윗사람	이상사람(以上—)
손전등(—電燈)	전지(電池)
손주(孫—, 손자와 손녀)	두벌자식(—子息)
손짓	손세
솔선수범(率先垂範)	이신작칙(以身作則)
솔직하다(率直—)	허심하다(虛心—)
솜털	보습털
솟구치다	갈마치다
쇄석기(碎石機)	돌바숨기
쇠약하다(衰弱—, ⑤허약하다(虛弱—))	배틀배틀하다
수간호사(首看護師)	간호장(看護長) *
수그러들다	굽어들다
수량(數量)	수더구(數—)
수력(水力)	물힘 *
수면제(睡眠劑)	잠약(—藥) *
수산물양식(水産物養殖)	바다농사(—農事) *
수상스키(水上ski)	물스키(—ski) *
수성 페인트(水性paint)	물개기칠감(—漆—)
수신호(手信號)	손신호(—信號) *
수심도(水深圖)	물깊이지도(—地圖)

남한 표준어	북한 문화어
수양버들(垂楊—)	드림버들
수업시간(修業時間)	상학시간(上學時間)
수영(水泳)	헤염
수영복(水泳服)	헤염옷
수유실(授乳室)	젖먹임칸
수제비	뜨더국
수중발레(水中ballet)	예술헤염(藝術—)
수첩(手帖)	목책(木冊)
수평기(水平器, [동]수준기(水準器))	물반(—盤)
수하물(手荷物)	손짐
수학여행(修學旅行)	배움나들이 *
수행원(隨行員)	수원(隨員)
수혈(輸血)	피넣기
수화(手話)	손가락말 *
숙달(熟達)	익달(—達)
숙면(熟眠)	속잠([동]굳잠) *
숙박계(宿泊屆)	객부(客簿)
숙지황(熟地黃)	찐지황(—地黃)
숙직(宿直)	수직(守直)
순결(純潔)	순아(純雅)
순환도로(循環道路)	륜환도로(輪環道路)
순환선(循環線)	륜환선(輪環線)
술떡	쉬움떡
숨바꼭질	숨기내기
쉬리	쒜리
쉬운 노동(勞動)	경로동(輕勞動)
쉰듯하다	석쉼하다
쉽고	헐하고
슛(shoot)	차넣기([동]투사(投射), 축구 용어)
스리피스(three piece)	삼피스(三piece)
스며들다([동]깃들다)	슴배다

남한 표준어편
ㅅ

남한 표준어	북한 문화어
스스로	자비로
스웨덴(국가명)	스웨리예(국가명)
스위치(switch)	전기여닫개(電氣—)
스카이라운지(sky lounge)	전망식당(展望食堂) *
스카프(scarf)	목수건(—手巾)
스커트(skirt)	양복치마(洋服—) *
스크랩북(scrap book)	오림책(—冊) *
스키리프트(ski lift)	스키삭도승강기(ski索道昇降機)
스킨로션(skin lotion)	살결물([동]물크림)
스타킹(stocking)	살양말(—洋襪) *
스타플레이어(star player)	기둥선수(—選手)
스터디그룹(study group)	실효모임(實效—, [동]호조반(互助班))
스튜어디스(stewardess)	비행안내원(飛行案內員) *
스트레이트(straight)	곧추치기(권투 용어)
스파이크(spike)	순간타격(瞬間打擊, 배구 용어)
스패너(spanner)	나사틀개([동]열린나사틀개) *
스페인(국가명)	에스빠냐(국가명)
스프링클러(spinkler)	강우기(降雨機)
슬라이딩태클(sliding tackle)	미끄러져빼앗기(축구 용어)
슬로바키아(국가명)	슬로벤스코(국가명)
슬리퍼(slipper)	끌신([동]골신)
습곡(褶曲, 지각 변동의 주름)	땅주름 *
승려(僧侶, [동]스님, 중)	중선생(—先生)
승마경기(乘馬競技)	마술경기(馬術競技) *
승무(僧舞)	중춤
승무원(乘務員)	렬차원(列車員)
승선(乘船)	배타기
승압변압기(昇壓變壓器)	높임변압기(—變壓器)
시각(視覺)	보는각(—覺) *
시네마스코프(cinema scope)	광폭영화(廣幅映畵) *
시동생(媤同生)	적은이

남한 표준어	북한 문화어
시들시들하다	초들초들하다
시디플레이어(CD player)	레이자전축(laser電蓄)
시럽(syrup)	단물약(―藥)
시리아(국가명)	수리아(국가명)
시발역(始發驛)	처음역(―驛)
시범경기(示範競技)	모범출연(模範出演)
시범교육(示範敎育)	방식상학(方式上學)
시비(是非)를 걸다(통싸움을 걸다)	걸고들다
시세포(視細胞)	보는세포(―細胞) *
시식(試食)	검식(檢食) *
시신경(視神經)	보는신경(―神經) *
시아주버니(통시숙(媤叔))	시형(媤兄)
시원시원하다	우선우선하다
시장기(―飢)	초기(初飢)
시차(視差)	보임차(―差)
시찰(視察)	현지지도(現地指導)
시찰단(視察團)	고찰단(考察團)
식권(食券)	량권(糧券)
식목일(植木日)	식수절(植樹節)
식욕(食慾)	눈맛
식용유(食用油)	먹는기름
식혜(食醯)	밥감주(―甘酒) *
신고(申告, 통고발(告發))	신소(申訴)
신기록보유자(新記錄保有者)	체육명수(體育名手)
신나다	성수(星數)가 나다
신석기인(新石器人)	조선옛류형사람(朝鮮―類型―)
신장염(腎臟炎)	콩팥염(―炎) *
실없다(實―)	알심없다(―心―, 통새빠지다)
실격(失格)	자격잃기(資格―) *
실내수영장(室內水泳場)	실내물놀이장(室內―場)
실내화(室內靴)	편리화(便利靴, 통방안신)

남한 표준어	북한 문화어
실어증(失語症)	말잃기증(一症)
실언(失言, ⑤틀린 말)	빗말
실태(實態, ⑤형편(形便))	정형(定形)
심하다(甚一)	되싸다(⑤야싸하다)
(간 등이) 심심하다	(음식 맛이) 승슴하다
심지어(甚至於)	지어
십상팔구(十常八九)	열에아홉(⑤거의) *
싱거운 사람	싱검둥이
싱싱하다(⑤신선하다(新鮮一))	생칠하다
싸구려	눅거리
(값이) 싸다	(값이) 눅다
싸돌아다니다(⑤방황하다(彷徨一))	바라다니다
싸잡아 처리하다(處理一)	한바리에 싣다 *
싹수(⑤낌새, 눈치)	케
싹싹하다	삽삽하다
쌍가랑머리(雙一)	량태머리(兩一) *
쌍기역(雙一, ㄲ)	된기윽(ㄲ)
쌍떡잎(雙一)	두싹잎 *
썩다(⑤삭다)	고삭다
썰매타기	강타기(江一)
쑤시다	쏘다
쑥스럽다	메사하다
쓰다	쓰겁다
쓰다듬다	얼쓸다
쓸개	열주머니(熱一)
쓸개즙(一汁)	열물(熱一)
쓸데없다	희떱다
씻다(⑤없애다, 벗다, 해소하다)	가시다

남 오토바이
⇔ 북 모터찌클

남 헬리콥터
⇔ 북 직승비행기

남 견인차
⇔ 북 끌차

남 관광버스
⇔ 북 유람뻐스

남 리어카
⇔ 북 손수레

남 보트
⇔ 북 젓기배

남 소형택시
⇔ 북 발바리차

남 트레일러
⇔ 북 연결차

남 유조선
⇔ 북 기름배

ㅇ

남한 표준어	북한 문화어
아가리	아구리
아교(阿膠)	갖풀 *
아나운서(announcer)	방송원(放送員) *
아내	안해
아니꼽다	야시꼽다
아름답다	원미하다(圓美—)
아리송하다	새리새리하다
아쉽다	아수하다
아슬아슬하다	아짜아짜하다
아우성(—聲)	아부재기
아이스쇼(ice show)	빙상교예(氷上巧藝)
아이스크림(ice cream)	얼음보숭이
아이스하키(ice hockey)	빙상호케이(氷上hockey)
아이슬란드(국가명)	이슬란드(국가명)
아주까리	피마주
아주머니(여성을 이르는 말)	아재(여성을 이르는 말)
아찔하다	아질하다
아치교(arch橋)	무지개다리 *
아코디언(accordion)	손풍금(—風琴) *
아파트(apartment)	고층살림집(高層—)
악보(樂譜)	보표(譜表)
악상(樂想)	곡상(曲想)
악센트(accent)	세기마루
안갖춘꽃	불완전꽃
안마운동(鞍馬運動)	고리틀운동(—運動)
안쓰럽다	안슬프다
안전벨트(安全belt)	걸상끈(㌧박띠)
안타깝다	애모쁘다
알력(軋轢)	알륵(軋—)
알로에(aloe)	노회엽(蘆薈葉)
알루미늄창(aluminium窓)	늄창(aluminium窓)

남한 표준어	북한 문화어
알맞게(๑제때에)	제창(๑알맞춤게)
알뿌리	살진뿌리
알사탕(—砂糖)	속사탕(—砂糖) *
알쏭달쏭	까리까리(๑새리새리)
알아내다	가려보다
알아차리다(๑깨닫다)	알리다
알콜중독자(alcohol中毒者)	술도깨비
알토(alto)	녀성저음(女性低音)
암송(暗誦)	따로외우기
암호(暗號)	대호(隊號)
압력(壓力)	누름힘
압력솥밥(壓力—)	떨렁밥
압정(押釘)	납작못 *
앙가슴	동가슴
앙상블(ensemble)	안삼불(ensemble)
앞감당(—堪當)	앞갈망
앞당겨쓰다	다가쓰다
애물(—物)	애군(애를 먹이는 것)
애연가(愛煙家)	담배질꾼
애저(—猪)	애돼지
애타다	피타다
액세서리(accessory, ๑장신구(裝身具))	치레거리
앵무새(鸚鵡—)	팔팔아(八八兒)
야간경기(夜間競技)	등불게임(燈—game)
야뇨증(夜尿症)	밤오줌증(—症) *
야단(惹端)	오구탕(烏口湯)
야맹증(夜盲症)	밤눈증(—症, ๑어둠눈) *
야무지게(๑끈기있게)	아글타글
야무지다	챙챙하다
야산(野山, ๑언덕)	잔메

남한 표준어	북한 문화어
야외무대(野外舞臺)	바깥무대(—舞臺) *
야전삽(野戰—)	보병삽(步兵—)
약과(藥果)	과줄
약해지다	가라지다
얌전하다(동조용하다)	고즈근하다
양껏(量—)	배껏
양배추(洋—)	가두배추
양갱(羊羹)	단묵 *
양계장(養鷄場)	닭공장(—工場)
양궁(洋弓)	활쏘기
양귀비(楊貴妃)	아편꽃(阿片—)
양봉(養蜂)	벌치기 *
양성모음(陽性母音)	밝은모음(—母音) *
양성화(兩性花)	두성꽃(동짝꽃)
양수(揚水)	물올리기
양약(洋藥)	신약(新藥)
양조장(釀造場)	양조소(釀造所)
양치질	이닦기
양파(洋—)	옥파(玉—, 동둥글파)
어근(語根)	말뿌리 *
어긋나기	어기나기
어둑어둑하다	어슬어슬하다
어린솔	동솔(童—, 어린 소나무)
어린아이	진아이
어림없다	어방없다
어림짐작(—斟酌)	어방치기
어묵(魚—)	고기떡(동튀김고기떡)
어벙하다	얼빤하다
어부(漁夫)	어로공(漁撈工)
어색하다(語塞—)	어성버성하다
어이없다	허거프다

남한 표준어	북한 문화어
어흥	따웅(호랑이 소리)
언짢다	나무랍다
얼간	엇절이(㉪소금절임)
얼간이(㉪반편이(半偏—))	미시리
얼떨결에	어망결에
얼얼하다	얼벌벌하다
업무분담(業務分擔)	분공(分工)
업신여기다	업수이 여기다
엉망	망태기
에스컬레이터(escalator)	계단승강기(階段昇降機) *
에어로빅(aerobic)	대중률동체조(大衆律動體操)
에어컨(air conditioner)	랭풍기(冷風器)
에피소드(episode)	곁애기 *
에필로그(epilogue)	맺음이야기 *
엑스레이(X—ray)	렌트겐(röntgen)
엔실리지(ensilage, 가축용)	풀김치(㉪풀절임) *
엘살바도르(국가명)	쌀바도르(국가명)
여객기기장(旅客機機長)	려객기승조장(旅客機乘組長)
여왕벌(女王—)	왕벌(王—)
여우비(맑은 날에 오는 비)	해비(해가 있을 때 오는 비) *
여위다	패리다
여주(과일의 이름)	유자
여편네(女便—)	에미네
역광(逆光)	엇빛
역도(力道)	력기(力技)
역류(逆流)	거꿀흐름 *
역반응(逆反應)	거꿀반응(—反應) *
역산(逆算)	거꿀셈법(—法) *
역습(逆襲)	반공격(反攻擊)
연고(軟膏)	무른고약(—膏藥) *
연골(軟骨)	삭뼈

남한 표준어	북한 문화어
연골어류(軟骨魚類)	삭뼈물고기
연금(年金)	정기보조금(定期補助金)
연금제도(年金制度)	년로보장(年老保障)
연기중독(煙氣中毒)	내굴중독(—中毒)
연등(燃燈)	탈등(—燈)
연락병(連絡兵)	기통수(機通手)
연립주택(聯立住宅)	문화주택(文化住宅)
연방(連方, 통연달아)	연송
연성(延性)	늘음성(—性)
연시(軟柿, 통홍시(紅柿))	물렁감
연시조(聯詩調)	이음시조(—詩調) *
연안해역(沿岸海域)	날바다
연애결혼(戀愛結婚)	맞혼인(—婚姻)
연유(煉乳)	졸인젖(변날젖) *
연작시(連作詩)	이음시(—詩) *
연좌농성(連坐籠城)	앉아버티기 *
연탄(煉炭)	구멍탄(—炭) *
연해(沿海, 얕은 바다)	곁바다
열도(列島)	줄섬
열용량(熱容量)	열돌이(熱—)
열차칸(列車—)	빵통
열팽창(熱膨脹)	열불음(熱—)
열풍난방(熱風煖房)	공기방덮히기(空氣房—)
염색(染色)	물들이기 *
염색체(染色體)	물들체(—體) *
엽록체(葉綠體)	풀색체(—色體) *
엽연초(葉煙草, 통잎담배)	써레기(통써레기담배)
엽총(獵銃)	사냥총(—銃) *
엿기름	길금
영각	소영각(황소의 울음소리) *
영구위조(永久萎凋)	완전시들음(完全—)

남한 표준어	북한 문화어
영락없다(零落—, [동]틀림없다)	락자없다(落字—)
영악하다(靈惡—)	이악하다
영지버섯(靈芝—)	만년버섯(萬年—)
영화각본(映畵脚本, [동]시나리오(scenario))	영화문학(映畵文學)
예각(銳角)	뾰족각(—角) *
예기(銳氣)	봉망(鋒芒)
예방하다(豫防—)	미리막이하다
예습(豫習)	미리익힘
오그라들다	가드라들다
오냐오냐	어자어자
오두막(—幕)	마가리
오래도록	점도록([동]이슥토록)
오랜옛날	고망년(古望年)
오류(誤謬)	오유(誤謬)
오른배지기	오른궁둥배지기(씨름 용어)
오버네트(over net)	그물넘기([동]손넘기, 배구 용어)
오버타임(over time)	네번치기(—番—, 배구 용어)
오븐레인지(oven range)	지짐곤로(—焜爐) *
오솔길	소로길(小路—)
오순도순	도순도순
오전(午前)	낮전(—前)
오줌통	오줌깨
오징어([참]낙지)	낙지([참]오징어)
오토바이(auto bicycle)	모터찌클(mototsikl)
오퍼레이터(operator)	조종운영기사(操縱運營技士) *
오프사이드(off side)	공격어김(攻擊—, 축구 용어)
오후(午後)	낮뒤
옥수수(玉—)	강냉이([동]옥쌀(玉—))
옥수수과자(玉—菓子)	펑펑이
옥수수껍질(玉—)	오사리

남한 표준어	북한 문화어
옥수수밥(玉—)	강낭밥(통강냉이밥)
옥토(沃土)	건땅(통진땅)
온난전선(溫暖前線)	더운전선(—前線) *
온음(—音)	옹근음(—音) *
온음표(—音標)	옹근소리표(—標) *
온종일(—終日)	해종일(—終日)
온통(통모두, 전부(全部))	전탕(全湯)
올곧다(통바르다)	대바르다
올려본각(—角, 통앙각(仰角))	쳐든각(—角)
올바로	옳바로
올스타전(all star戰)	강자대회(强者大會) *
올케	오레미
옷걸이	옷걸개
옹고집(壅固執)	아다모끼
옹골차다	맵짜다
옹벽(擁壁)	흙막이벽(—壁)
완력(腕力)	힘바리
완장(腕章)	팔띠 *
왈가왈부(曰可曰否)	왈가불가(曰可不可)
왕복여비(往復旅費)	안팎려비(—旅費)
왜가리	왁새
왜냐하면(통이유는(理由—))	한것은
왜소하다(矮小—)	채소하다(體小—)
외각(外角)	바깥각(—角)
외기권(外氣圈)	바깥권(—圈)
외떡잎식물(—植物)	한싹잎식물(—植物)
외래어(外來語)	들어온말
외력(外力)	바깥힘
외출복(外出服)	나들이옷(통갈음옷)
외치다	웨치다
외풍(外風)	겉바람

남한 표준어	북한 문화어
요구르트(yogurt)	젖산유(一酸乳)
요도(尿道)	오줌길*
요령부리다(要領一)	능먹다
요리(料理)	작식(作食)
요실금(尿失禁)	오줌새기*
요점(要點)	요진통(要津通)
요통(腰痛)	허리아픔*
욕심(欲心)이 많다	걸탐스럽다
용병(傭兵)	대포밥(大砲一)
용병술(用兵術)	령군술(領軍術)
용상(聳上)	추켜올리기(역도 용어)
용수로(用水路)	댈물길*
용접(鎔接)	녹여붙임*
용해도(溶解度)	풀림도(一度)*
우격다짐	욱다짐
우락부락하다	우리우리하다
우람차게(愚濫一, 團우람하게(愚濫一))	거연히
우마(牛馬)	마소
우마차(牛馬車, 團우차(牛車))	달구지*
우선순위(優先順位)	선후차(先後次)
우울증(憂鬱症)	슬픔증(一症)*
우유(牛乳)	소젖
우회로(迂廻路)	돌음길
운석(隕石)	별찌돌
운수(運數, 團행운(幸運))	생수(生數)
운영체계(運營體系, OS)	체계프로그람(體系program)
운항표(運航表)	배다님표(一表)
운행표(運行表)	다님표(一表)
운형자(雲形一)	구름자*
웃음보	웃음집

남한 표준어	북한 문화어
웅담(熊膽)	곰열(통곰쓸개)
웅덩이(통수렁, 작은 저수지)	굴포
웅숭깊다(도량(度量)이 크다)	웅심깊다(雄心—)
워킹(walking)	걸음걸이
워킹반칙(walking反則)	걸음어김(농구 용어)
원금(元金)	밑자금
원두막(園頭幕)	누게막(—幕)
원료(原料)	밑감
원수(怨讐)	원쑤(怨讐, 큰 피해를 준 사람)
원양어선(遠洋漁船)	먼바다고기배
원촌(遠寸, 먼 친척)	결찌
원피스(one piece)	달린옷(통외동옷)
원한(怨恨)	승치
원형극장(圓形劇場)	둥근무대(—舞臺)
월동(越冬)	겨울나이
월동준비(越冬準備)	과동준비(過冬準備)
위	우(통상부(上部))
위로하다(慰勞—)	눅잦히다
위생홍보(衛生弘報)	위생선전(衛生宣傳)
위약금(違約金)	어김돈
위장(僞裝)을 하다	분칠(粉漆)을 하다
위통(胃痛)	가슴쓰리기(통위아픔) *
유도(柔道)	유술(柔術)
유모(乳母)	젖어머니 *
유모차(乳母車)	애기차(—車) *
유방암(乳房癌)	젖암(—癌) *
유방통(乳房痛)	젖몸아픔 *
유산(流産)	애지기 *
유선방송(有線放送)	제3방송(第三放送)
유의어(類義語)	뜻비슷한말
유일무이하다(唯一無二—)	단벌하다(單—)

남한 표준어	북한 문화어
유제품(乳製品)	젖제품(—製品) *
유조선(油槽船)	기름배
유착(癒着)	맞붙기 *
유채색(有彩色)	빛갈색(—色)
유치원 보모(幼稚園保姆)	교양원(教養員)
유행가(流行歌)	행가(行歌)
육개장(肉—醬)	소단고기국
윤활제(潤滑劑)	미끄럼약(—藥) *
융모(絨毛, 圖융털(絨—))	부들털
은닉죄(隱匿罪)	숨긴죄(—罪) *
은유법(隱喩法)	말바꿈법(—法) *
은행원(銀行員)	은행경제사(銀行經濟士)
은행출장소(銀行出張所)	저금소(貯金所)
음각(陰刻)	오목새김 *
음량(音量)	소리크기
음색(音色)	소리빛갈
음성모음(陰性母音)	어두운모음(—母音) *
음정(音程)	소리사이
음지(陰地, 圖그늘)	능쪽
음치(音癡)	온치(—癡)
음해하다(陰害—)	암해하다(暗害—)
응결(凝結)	엉겨뭉침 *
응고(凝固)	엉겨굳기 *
응급치료(應急治療)	간이치료(簡易治療)
응달(圖그늘)	능달
응접실(應接室)	손님맞이방(—房, 圖접대실(接待室))
응집(凝集)	엉겨붙기 *
응혈(凝血)	엉긴피 *
의가사제대(依家事除隊)	감정제대(鑑定除隊)
의무대(醫務隊)	군의소(軍醫所)
의붓아버지(圖새아버지)	후아버지(後—) *

남한 표준어	북한 문화어
의식주(衣食住)	식의주(食衣住)
의장대(儀仗隊)	명예위병대(名譽衛兵隊)
의전(儀典)	의례(儀禮)
의젓하다	의사스럽다(意思—)
의존명사(依存名詞)	단위명사(單位名詞)
의태(意態)	모양닮기(模樣—) *
의태어(擬態語)	모양본딴말(模樣—) *
이단평행봉(二段平行棒)	높낮이평행봉(—平行棒)
이를 악물다	사려물다
이리 뛰고 저리 뛴다	올리뛰고 내리뛴다
이맛살	골살
이명(耳鳴)	귀울이 *
이모부(姨母夫)	이모아버지(姨母—) *
이모작(二毛作)	두벌농사(—農事)
이발사(理髮師)	까까쟁이
이부형제(異父兄弟)	씨다른형제(—兄弟) *
이산가족(離散家族)	흩어진가족(—家族) *
이식수술(移植手術)	옮겨붙이기 수술(—手術) *
이앙기(移秧機)	모개미꽂는기계(—機械)
이월(移越)	조월(繰越)
이유(理由, 통근거(根據))	쪼간
이익(利益, 통잇속)	먹을알
이자놀이(利子—)	변놀이(邊—)
이장(移葬)	옮겨묻기
이종사촌(姨從四寸)	이모사촌(姨母四寸) *
이탈(離脫)	탈리(脫離)
이통(耳痛)	귀쏘기
이해(理解)	료해(了解)
인두염(咽頭炎)	목안염(—炎)
인력(引力)	끌힘 *
인방(隣邦)	련방(聯邦)

남한 표준어	북한 문화어
인상(引上, 역도 용어)	끌어올리기(역도 용어)
인성(靭性)	질김성(一性) *
인수인계(引受引繼)	넘겨주고받기
인용어(引用語)	들임말
인주(印朱)	인즙(印汁)
인칭대명사(人稱代名詞)	사람대명사(一代名詞) *
인화성(引火性)	불당김성(一性) *
인화점(引火點)	불당김점(一點) *
인화지(印畵紙)	사진종이(寫眞—)
일(통활동(活動))	사업(事業)
일개미	로동개미(勞動—)
일광욕(日光浴)	해빛쪼이기
일교차(日較差)	하루차(一差) *
일대기(一代記)	일생기(一生記)
일모작(一毛作)	한그루짓기 *
일반석(一般席)	경석(輕席)
일반침대(一般寢臺)	경침(硬寢)
일부러	우야(통우정)
일부인(日附印)	날자도장(一圖章) *
일솜씨	일거두매
일식(日蝕)	해가림 *
일조(日照)	해비침 *
일조계(日照計)	해비침재개
일조량(日照量)	해쪼임량(一量) *
일조시간(日照時間)	해비침시간(—時間) *
일조율(日照率)	해비침률(—率, 통낮비침률(一率)) *
일직장교(日直將校)	직일군관(直日軍官)
임기응변(臨機應變)	경우맞춤(境遇—)
임시조직(臨時組織)	그루빠
임신하다(姙娠—)	태앉다(胎—)
임신중절(姙娠中絶)	애지우기

남한 표준어	북한 문화어
임의교배(任意交配)	우연교배(偶然交配)
임진왜란(壬辰倭亂)	임진조국전쟁(壬辰祖國戰爭)
임차료(賃借料)	빌림값
입구(入口)	고입
입덧	입쓰리
입장권(入場券)	나들표(一票)
입주권(入住權)	입사권(入舍權)
입체교차로(立體交叉路)	립체다리(立體一)
잇다(동)맺다)	뭇다
잇몸질환(一疾患, 동치주염(齒周炎))	이몸곪기

남 계란, 달걀
⇔ 북 닭알

남 녹차
⇔ 북 푸른차

남 생수
⇔ 북 샘물

남 아이스크림
⇔ 북 얼음보숭이

남 햄버거
⇔ 북 고기겹빵

남 생맥주
⇔ 북 날맥주

남 우유
⇔ 북 소젖

남 잼
⇔ 북 단졸임

남 주스
⇔ 북 단물

ㅈ

남한 표준어	북한 문화어
자기수양(自己修養)	자체수양(自體修養)
자동차 비상등(自動車非常燈)	직선등(直線燈)
자동차 와이퍼(自動車wiper)	비물딱개
자동차 창문(自動車窓門)	시창(視窓)
자망(刺網)	걸그물
자본주의문화(資本主義文化)	황색바람(黃色—)
자수(刺繡)	수놓이(繡—)
자습(自習)	자체학습(自體學習)
자신감(自信感)	자신심(自信心)
자연건조(自然乾燥)	날말림 *
자연발화(自然發火)	절로불나기 *
자연자원(自然資源)	자연부원(自然富源)
자유낙하(自由落下)	절로떨어지기 *
자유투(自由投)	벌넣기(농구 용어)
자유형(自由型)	뺄헤염(수영 용어)
자음동화(子音同化)	이웃닮기
자작나무	봇나무
자주 있다	드문하다
자투리시간(—時間)	짬시간(—時間) *
작살	뭇대
작심(作心)	채심(探心)
작심삼일(作心三日)	오분열도(五分熱度)
작업성과(作業成果)	일자리
작은눈	메밀눈
작은도끼	좀도끼
작은어머니(㊌숙모(叔母))	삼촌어머니(三寸—) *
작전타임(作戰time)	분간휴식(分間休息)
잔돈(殘—)	부스럭돈(㊌사슬돈)
잔소리(㊌세설(細說))	진소리
잔소리꾼	잔말쟁이 *
잔일	부스럭일

남한 표준어	북한 문화어
잔잔하다	하잔하다
잠기운(一氣運)	잠내
잠깐([동]언뜻, 얼핏)	걸핏
잠수(潛水)	무잠
잠수교(潛水橋)	잠김다리 *
잠수부(潛水夫)	무잠이
잠시(暫時, [동]잠깐)	막간(幕間)
잠재력(潛在力)	내부예비(內部豫備)
잡곡밥(雜穀一)	얼럭밥
잡석(雜石)	버력
장대(長一)	서발막대(긴 막대기)
장교(將校)	군관(軍官)
장구벌레	곤두벌레
장기복무(長期服務)	초기복무(超期服務)
장난감([동]완구(玩具))	놀음감
장단점(長短點)	우단점(優短點)
장닭([동]수탉)	무닭
장땡	왕땅
장력(張力)	당길힘
장모(丈母)	가시어머니
장사(壯士, 힘센 사나이)	돌장군
장성(將星)	장령(將領)
장아찌	자짠지
장인(丈人)	가시아버지
장점(長點)	우점(優點)
장출혈(腸出血)	밸출혈(一出血)
장통(腸痛)	밸아픔
재벌(再一)	두벌 *
재고품(在庫品)	체화품(滯貨品)
재미	볼맛
재보(財寶)	재부(財富)

남한 표준어	북한 문화어
재빠르다	날력하다
재생(再生)	되살이
재생고무(再生gomme)	되살린고무(—gomme)
재즈(jazz)	쟈즈(jazz)
잼(jam)	단졸임 *
잽(jab)	선손치기(先—, 권투 용어)
쟁기	가대기(농기구 종류)
쟁기질	후치질(後—, 논밭을 가는 일)
저마다	저마끔
저만치(통저만큼)	저바로
저절로	제김에
적극적(積極的)	진공적(陳供的)
적립금(積立金)	세운돈
적어도(통하다못해)	다문
적응증(適應症)	알맞은증(—症) *
적출(摘出)	도려내기 *
적혈구(赤血球)	붉은피알 *
전광판(電光板)	전기신호판(電氣信號板)
전구(電球)	전등알(電燈—)
전근하다(轉勤—)	조동하다(調動—)
전기밥솥(電氣—)	전기밥가마(電氣—)
전기드릴(電氣drill)	전기송곳(電氣—) *
전기면도기(電氣面刀器)	전기면도칼(電氣面刀—)
전기믹서(電氣mixer)	전기분쇄기(電氣粉碎機)
전달(傳達, 통통고(通告))	포치
전당포(典當鋪)	편의금고(便宜金庫)
전립선(前立腺)	전위선(前位腺)
전병(煎餠)	바삭과자 *
전자계산기(電子計算機)	전자수산기(電子手算器)
전쟁(戰爭)	불질(통불구름)
전정(剪定, 통전지(剪枝))	가지자르기 *

남한 표준어	북한 문화어
전조등(前照燈)	앞등(一燈) *
전지(全紙)	옹근장(一張) *
전파망원경(電波望遠鏡)	라지오망원경(radio望遠鏡)
전화교환수(電話交換手)	전화수(電話手)
절도범(竊盜犯)	훔친범(一犯) *
절도죄(竊盜罪)	훔친죄(一罪)
절룩절룩	살룩살룩
절이다	절구다
절토(切土)	흙따기
점퍼(jumper)	외투저고리(外套一)
점프력(jump力)	조약력(跳躍力)
점화장치(點火裝置)	불꽃틔우개
접근하다(接近一, ⑤근접하다(近接一))	거접하다(居接一)
접두사(接頭辭)	앞붙이
접속(接續)	이음 *
접속사(接續詞, ⑤이음씨)	이음말 *
접수구(接受口)	받는데
접안렌즈(接眼lens)	눈쪽렌즈(一lens)
접영(蝶泳)	나비헤염 *
접착제(接着劑)	붙임풀 *
정각기둥(正角一)	바른모기둥
정독(精讀)	따져읽기
정면으로(正面一)	면바로(面一)
정백미(精白米)	옥백미(玉白米)
정비례(定比例)	바른비례(一比例) *
정사각형(正四角形)	바른사각형(一四角形) *
정삼각형(正三角形)	바른삼각형(一三角形) *
정수(整數, ⑤완전수(完全數))	옹근수(一數, 수학 용어) *
정신(精神)을 잃다	얼치다(얼이 차다)
정육면체(正六面體)	바른륙면체(一六面體) *

남한 표준어	북한 문화어
정장(正裝, 🔄양복(洋服))	깃양복(一洋服)
정차(停車)	차멎기(車一)
정찰기(偵察機)	공중비적(空中匪賊)
정치망(定置網)	덤장그물
제각각(一各各, 🔄제멋대로)	제가다리
제대로 한다	일을 쓰게 하다
제동장치(制動裝置, 🔄브레이크 (brake))	정거대(停車一)
제방(堤防)	동뚝
제비꽃	씨름꽃
제설차(除雪車)	눈치기차(一車)
제식훈련(制式訓練)	대렬훈련(對列訓練)
제왕절개수술(帝王切開手術)	애기집가르기 *
제자리걸음	선자리걸음 *
제초제(除草劑)	풀약(一藥) *
조각(🔄쪼가리, 자투리)	쫀박
조도계(照度計)	비침도재개(一度一)
조련사(調鍊師)	조교사(調敎師)
조마조마하다	오마조마하다
조무래기	조마구
조미료(調味料, 🔄양념)	맛내기
조생종(早生種)	올종(🔄극올종초)
조선(造船)	배무이
조약돌	조막돌
조울병(躁鬱病)	기쁨슬픔병(一病)
조준거리(照準距離)	겨눔거리(一距離)
조지다	조기다
조직하다(組織, 🔄설립하다(設立一))	내오다
조혈제(造血劑)	피만들기약(一藥)
조회(朝會)	아침모임
족발(足一)	발쪽

남한 표준어	북한 문화어
좀팽이([동]좀생원(—生員))	쫄망구
종결어미(終結語尾)	맺음표(—標)
종아리	종다리
종업원(從業員)	접대원(接待員)
종전가격(從前價格)	그전값 *
종착역(終着驛)	마감역(—驛)
좌골(坐骨)	앉음뼈 *
좌천되다(左遷—)	내리먹다
주걱([동]밥주걱)	박죽
주름살	주글살
주름치마	양산치마(洋傘—)
주먹밥	쥐기밥
주먹질	주먹다시
주문품(注文品)	마침물건(—物件)
주민등록증(住民登錄證)	공민증(公民證)
주방(廚房)	부엌방(—房) *
주방도구(廚房道具)	부엌세간 *
주스(juice)	단물
주식시장(株式市場)	주권시장(株券市場)
주워대다	주어대다
주워듣다	주어듣다 *
주위(周圍)	두리
주유소(注油所)	연료공급소(燃料供給所)
주입식교육(注入式敎育)	내려먹이기식교수(—式敎授)
주저앉다	퍼더앉다
주차장(駐車場)	차마당(車—)
주책없다	오새없다([동]개채없다)
주책없이	새없이
주춧돌	터돌
주택(住宅)	살림집
죽데기	쭉데기([동]자투리나무)

남한 표준어	북한 문화어
준설공사(浚渫工事)	준첩공사(浚堞工事)
줄비	노박비([반]가랑비)
줄자	도래자
줄표(—標, [동]대시(dash))	풀이표(—標, [동]환언표(換言標))
줏대(主—)	속대
중간색(中間色)	사이색(—色) *
중개무역(仲介貿易)	되거리무역(—貿易)
중괄호(中括弧)	대괄호(大括弧)
중단(中斷, [동]포기(抛棄))	중도반단(中途半斷)
중대(中隊)	구분대(區分隊, 대대급 이하 부대)
중소기업(中小企業)	중세소업(中細小業)
중앙난방(中央暖房)	구획난방(區劃暖房)
쥘부채	접부채(접고 펴는 부채) *
즉결재판(卽決裁判)	즉일선고제(卽日宣告制)
증기가마(蒸氣—)	찌는가마 *
증인(證人)	증견자(證見者)
지긋이([동]조용히)	잔즛이
지껄이다	쥐치다
지나치다([동]저버리다)	어기다
지난번(—番)	간번(—番)
지레김치	지렁김치
지류(支流, [동]물줄기)	가지흐름
지문(指紋)	손가락무늬 *
지방(脂肪)	기름
지수(指數)	어깨수(—數, [동]거듭제곱, 수학 용어)
지시대명사(指示代名詞)	가리킴대명사(—代名詞)
지역방어(地域防禦)	구역막기(區域—, 농구 용어)
지육(枝肉)	뼈고기 *
지저분하게 바르다	게바르다
지저분하다([동]너절하다)	게잘싸하다
지표면(地表面)	땅겉면(—面) *

남한 표준어	북한 문화어
지하도(地下道)	땅속건늠굴길(—窟—)
지하수(地下水)	땅속물 *
지혈제(止血劑)	피멎이약(—藥)
지형(地形)	땅생김 *
직무유기죄(職務遺棄罪)	직무부집행죄(職務不執行罪)
직접(直接, 통곧장)	직판(直—)
직접인용법(直接引用法)	바로옮김법(—法) *
직접프리킥(直接free kick)	직접벌차기(直接—, 축구 용어)
직통전달자(直通傳達者)	직통배기(直通—)
진눈깨비	진눈까비
진분수(眞分數)	참분수(—分數) *
진열대(陳列臺)	벌림대(—臺)
진정제(鎭靜劑)	가라앉힘약(—藥) *
진찰(診察)	검병(檢病)
진폭(振幅)	떨기너비 *
진화장(津化粧)	진단장(津丹裝)
진흙탕	감탕
질겁하다(窒怯—, 통놀래다)	된겁하다(—怯—)
질경이	길짱구
질척하다	즈분하다
집근처(—近處)	집오래
집어등(集魚燈)	고기모음등(—燈)
집적집적	지부렁지부렁
집중하다(集中—)	몰붓다
집중사격(集中射擊)	몰사격(—射擊)
집중호우(集中豪雨)	무더기비
집합(集合)	모임
징집(徵集)	초모(招募)
짝사랑	외짝사랑(外—)
(역사(歷史) 등이) 짧다	청소하다(靑少—)
짧은치마	동강치마

남한 표준어	북한 문화어
짱구머리	남북머리(南北—)
째려보다([동]쏘아보다)	갈겨보다*
쩨쩨하다	쬐쬐하다
쪼가리	쪼막
쫄바지	쫑대바지
찌개	남비탕([동]지지개)
찌꺼기	깡지
찐빵(—pão)	증기빵(蒸氣pão)

남 배드민턴
⇔ 북 바드민톤

남 수영
⇔ 북 헤염

남 양궁
⇔ 북 활쏘기

남 에어로빅
⇔ 북 대중률동체조

남 비치발리볼
⇔ 북 모래터배구

남 수중발레
⇔ 북 예술헤염

남 리듬체조
⇔ 북 예술체조

남 역도
⇔ 북 력기

남 럭비
⇔ 북 투구

ㅊ

남한 표준어	북한 문화어
차도(差度, 병이 나아지는 것)	차극(差劇)
차례차례(次例次例, 동차곡차곡)	책책
차양(遮陽)	그늘지붕 *
차지하다	가로타다
착오 없다(錯誤—)	드팀없다
착잡하다(錯雜—)	(추억, 슬픔 등이) 갈마들다
찰옥수수(—玉—)	랍질강냉이
참다	묵새기다
참견하다(參見—)	삐치다
창난젓	밸젓
창의(創意)	창발(創發)
창의성(創意性)	창발성(創發性)
창자(동장(腸))	밸
창피하다(猖披—)	열스럽다(熱—)
채광(採光)	방안해비침
채굴(採掘)	캐기 *
채색화(彩色畵)	색그림(色—) *
채송화(茱松花)	따꽃
채신머리없다	갱충머리없다
채종(採種)	씨앗받기 *
채혈(採血)	피뽑기 *
책상다리(冊床—)	올방자(동앉은다리)
처지다(동뒤지다, 빠지다)	짝지다
천막(天幕)	풍막(風幕)
천수답(天水畓)	하늘바라기논
천연기념물(天然紀念物)	자연기념물(自然紀念物)
천일염(天日鹽)	볕소금
철도공안원(鐵道公安員)	렬차안전원(列車安全員)
철면피(鐵面皮, 비위가 좋은 사람)	개고기
철새	계절조(季節鳥)
첩(妾)	곁마누라 *

남한 표준어	북한 문화어
첩보물(諜報物)	반탐물(反探物)
첫머리	첫끝
첫인사(一人事)	풋인사(一人事)
청국장(淸麴醬)	썩장(一醬)
청력(聽力)	들을힘
청소차(淸掃車)	위생차(衛生車)
청유문(請誘文)	추김문(一文) *
체급(體級)	무게급(一級) *
체증(滯症)	배덧
체코(국가명)	체스꼬(국가명)
처부수다	내리조기다
초기(初期)	초시기(初時期)
초저녁잠(初一)	초벌잠(初一)
초등학교(初等學校)	인민학교(人民學校)
초목제품(草木製品)	초물제품(草物製品, 왕골제품)
초벌잠(初一)	아시잠
초보시절(初步時節)	가갸시절(一時節) *
초인종(招人鐘)	전기종(電氣鐘)
초저녁(初一)	아시저녁
초주검(初一, 宮반죽음(半一))	초벌죽음(初一)
초지(草地)	풀판
촌뜨기(村一)	촌바우(村一)
총알받이(銃一)	과녁받이
총력(總力, 宮죽을힘)	죽기내기 *
총체적(總體的)	총적(總的)
총회(總會)	전원회의(全員會議) *
최대가동(最大稼動)	만가동(滿稼動, 宮만부하(滿負荷))
최대공약수(最大公約數)	련속나눔수(連續一數) *
최전방(最前方)	최전연(最前線)
추수(秋收)	가을걷이 *
추진력(推進力)	내밀손

남한 표준어	북한 문화어
추진성(推進性)	내밀성(—性)
축농증(蓄膿症)	코냄새중세(—症勢)
춘궁(春窮)	보리고개 *
출렁다리	허궁다리 *
출산(出産)	새끼낳기 *
출신성분(出身成分)	가정성분(家庭成分)
출아법(出芽法)	싹나기법(—法) *
출입문(出入門)	나들문(—門)
충치(蟲齒)	이삭기
충혈(充血)	피모임
취사병(炊事兵)	작식대원(作食隊員)
측면(側面)	익측(翼側)
측면도(側面圖)	옆그림
층적운(層積雲)	층더미구름(層—) *
치과(齒科)	구강과(口腔科)
치관(齒冠, [동]치근(齒根))	이머리
치매(癡呆)	바보
치사량(致死量)	죽는량(—量)
치석(齒石)	이돌 *
치약(齒藥)	이닦이약(—藥) *
치어(稚魚)	갓난고기 *
치통(齒痛)	이쏘기 *
친하다(親—)	살밭다
친정 나들이(親庭—)	집나들이
칠삭동이(七朔—)	일곱달내기 *
칠순(七旬)	진갑(進甲)
침강(沈降)	바다잠기기
침대시트(寢臺sheet, [동]홑이불)	하불
침엽수림(針葉樹林)	바늘잎나무숲 *
침입(侵入)	침습(侵襲)
침투(浸透)	스밈

ㅋ

남한 표준어	북한 문화어
카탈로그(catalog)	상품알림(商品—) *
카드섹션(card section)	배경대(背景臺)
카메룬(국가명)	까메룬(국가명)
카바레(cabaret)	춤장(—場)
카스텔라(castella)	설기과자(동백설기과자(白—)) *
카자흐스탄(국가명)	까자흐스탄(국가명)
카타르(국가명)	까타르(국가명)
카피(copy)	꼬삐(copy)
칸막이	새막이
칼끝(동창끝)	봉망(鋒芒)
칼도마	칼덤
칼라(collar, 동깃받이)	목달개
칼피스(calpis)	신젖단물
캄보디아(국가명)	캄보쟈(국가명)
캐러멜(caramel)	기름사탕(—砂糖)
캐비닛(cabinet)	까비네트(cabinet)
캠코더(camcorder)	록화촬영기(錄畵撮影機) *
캠페인(campaign)	깜빠니야(kampaniya)
커튼(curtain)	창가림막(窓—幕)
컨베이어(conveyor)	흐름선(—線)
컨테이너(container)	짐함(—函)
컬러텔레비전(color television)	색텔레비죤(色television)
컵(cup)	고뿌(cup)
컷(cut)	쪽그림 *
케이블(cable)	까벨'(kabel')
케이프(cape, 소매가 없는 외투)	날개옷 *
코냄새(동단내)	겨불내
코너킥(corner kick)	구석차기(동모서리차기, 축구 용어)
코너플래그(corner flag)	구석기(—旗, 동구석발, 축구 용어)
코골이	코나발(—喇叭)
코르셋(corset)	몸매띠(여성 속옷) *

남한 표준어	북한 문화어
코모로(국가명)	꼬모르(국가명)
코뿔소(통무소)	서우(犀牛)
코스타리카(국가명)	꼬스따리까(국가명)
코치(coach)	지도원(指導員)
코허리	눈허리
콘돔(condom)	고무주머니(gomme—)*
콘택트렌즈(contact lens)	접촉안경(接觸眼鏡)*
콤파스(compass)	원그리개(圓—)*
콤팩트(compact)	분첩갑(粉貼匣)*
콧방울	코날개
콩고(국가명)	꽁고(국가명)
콩트(conte, 통단편소설(短篇小說))	벽소설(壁小說)
쾌속정(快速艇)	고속도선(高速度船)
쿠데타	반변(叛變)
쿠바(국가명)	꾸바(국가명)
쾡하다	헐끔하다
크게	헤짝
크고 씩씩하다	거쿨지다
크낙새	클락새
크로스바(crossbar)	가름대
크로아티아(국가명)	흐르바쯔카(국가명)
큰걱정	된걱정
큰조롱(—嘲弄)	은조롱(—嘲弄)
클레이사격(clay射擊)	날치기사격(—射擊)*
클로즈업(close up)	큰보임새*
키르기스스탄(국가명)	끼르기즈스딴(국가명)
키보드(key board)	콤퓨터건반(computer鍵盤)
키프로스(국가명)	끼쁘로스(국가명)
킥오프(kick off, 통시축(始蹴))	첫차기(축구 용어)

남 건널목, 횡단보도
⇔ 북 건늠길

남 공항
⇔ 북 항공역

남 가게
⇔ 북 가가, 작은 상점

남 초등학교
⇔ 북 인민학교

남 파출소
⇔ 북 인민보안소

남 풀장
⇔ 북 물공원

남 고급호텔
⇔ 북 초대소

남 주유소
⇔ 북 연료공급소

남 주차장
⇔ 북 차마당

ㅌ

남한 표준어	북한 문화어
타격(打擊)을 주다	된매를 안기다
타월(towel)	실코수건(—手巾, 튕실털수건) *
타이어(tire)	다이야(tire)
타이트스커트(tight skirt)	좁은통치마 *
타이틀(title)	글자막(—字幕)
탁상공론(卓上空論)	지상공론(紙上空論)
탁상일기(卓上日記)	탁상일력(卓上日曆)
탁아소(託兒所)	애기궁전(—宮殿) *
탁월(卓越)	탁초(卓超)
탄성(彈性)	튐성(—性)
탄젠트(tangent)	탕겐스(tangens)
탄층(炭層, 튕탄상(炭床))	탄밭(炭—)
탈곡(脫穀)	낟알털이 *
탈구(脫臼)	뼈어김 *
탈모증(脫毛症)	털빠짐증(—症)
탈색(脫色)	색날기(色—) *
탈색제(脫色劑)	색빼기약(色—藥)
탈수제(脫水劑)	물빼기약(—藥)
탈의실(脫衣室)	옷벗는칸
탈지유(脫脂乳)	기름뺀젖
탈취제(脫臭劑)	냄새빼기약(—藥)
탐스럽다(貪—)	호함지다
탕약(湯藥)	달임약(—藥) *
태도(態度)	작풍(作風)
태양열(太陽熱)	해빛열(—熱) *
태업(怠業, 튕태만(怠慢))	태공(怠工)
탭댄스(tap dance)	타프춤(tap dance) *
탱고댄스(tango dance)	탕고춤(tango—)
탱크(tank)	땅크(tank)
터널(tunnel)	차굴(車窟)
터무니없는 소리	가을뻐꾸기 소리

남한 표준어	북한 문화어
터키(국가명)	뛰르끼예(국가명)
턱없다(통터무니없다)	탁없다
턱짓	턱질
털어먹다	불어먹다
털외투(—外套)	털슈바(—shuba)
텃새(반철새)	머물새 *
테너(tenor)	남성고음(男聲高音) *
텔레비전채널(television channel)	텔레비죤통로(television通路)
토고(국가명)	또고(국가명)
토너먼트(tournament)	승자전(勝者戰) *
토라지다	시뚝하다
토마토(tomato)	일년감(一年—)
토요일(土曜日)	문화일(文化日)
토혈(吐血)	피게우기
톱니바퀴	나사이바퀴(螺絲—)
통꽃	합친꽃(合—)
통곡하다(痛哭—)	테울다
통풍(痛風)	바람갈이 *
통화중(通話中)	말씀중(—中) *
퇴비(堆肥)	풀거름 *
퇴비성비료(堆肥性肥料)	흙보산비료(—肥料)
투과성(透過性)	나듬성(—性)
투덜거리다	우둘렁대다
투명색(透明色)	비침색(—色)
투사지(透寫紙)	비침종이 *
투수(投手)	넣는사람(야구 용어)
투수층(透水層)	물스밈층(—層)
투약구(投藥口)	약내는곳(藥—)
투포환(投砲丸)	철추던지기(鐵椎—, 육상 용어)
투피스(two piece)	동강옷(통나븐옷) *
투항권유(投降勸誘)	함화(喊話)

남한 표준어	북한 문화어
튀김	기름튀기
튀우다(圖헤치다, 열거나 풀다)	테다
튜브(tube)	속고무(―gomme, 圖뜰주머니)
트랙터(tractor)	뜨락또르(traktor)
트럼프(trump)	주패(主牌)
트레일러(trailer)	련결차(連結車, 圖도레라(trailer))
트집(圖떼)	트적질
트집을 부리다(圖시비(是非)를 걸다)	까박을 붙이다
특허권(特許權)	발명권(發明權)
틀림없다	거의없다
틀어쥐다	탈아쥐다
티브이드라마(TV drama)	텔레비죤소설(television小說)

남한 표준어	북한 문화어
파견하다(派遣—)	파하다(派—)
파고(波高)	물결높이 *
파나마(국가명)	빠나마(국가명)
파마머리(permanent—)	볶음머리 *
파생어(派生語)	가지친말 *
파속(波速)	물결속도(—速度) *
파손하다(破損—, 棟파괴하다(破壞—))	날탕을 치다
파스(pasta)	된고약(—藥)
파스텔화(pastel畵)	분필그림(粉筆—) *
파운데이션(foundation)	분크림(粉cream)
파장(波長)	물결길이 *
파종(播種)	씨붙임
파지(破紙)	헌종이 *
파찰음(破擦音)	터짐소리 *
파출소(派出所)	인민보안소(人民保安所)
판가름(判—)	판가리(判—)
판다(panda)	참대곰
판정승(判定勝)	점수이김(點數—)
팔레스타인(국가명)	팔레스티나(국가명)
팔레트(palette)	갤판(미술용품)
팔방미인(八方美人)	사방미인(四方美人)
팔분음표(八分音標)	팔분소리표(八分—標)
팔삭둥이(八朔—)	여덟달내기 *
팔찌	팔목걸이 *
팔팔하다	펄날다
팥고물	팥보숭이
패기(覇氣)	결패(—覇)
패찰(牌札)	패쪽(牌—)
팩시밀리(facsimile, 棟팩스)	모사전송기(模寫電送器)
팬티스타킹(panty stocking)	양말바지(洋襪—) *

남한 표준어	북한 문화어
팽창(膨脹)	부피불음 *
퍼뜩	피끗
퍽치기	따당수법(—手法)
페널티킥(penalty kick)	십일메터벌차기(十—meter罰—, 축구 용어)
페달(pedal)	발디디개
페루(국가명)	뻬루(국가명)
페이지(page)	페지(page)
페인트(paint)	뻥끼(paint)
편두통(偏頭痛)	쪽머리아픔
평균대운동(平均臺運動)	가늠운동(—運動)
평복(平服)	보통옷(普通—)
평야지대(平野地帶)	벌방지대(—地帶)
평영(平泳)	가슴헤염 *
평행봉(平行棒)	목봉(木棒)
폐쇄주의(閉鎖主義)	관문주의(關門主義)
폐수(廢水)	버림물 *
포개다	동개다
포경어업(捕鯨漁業)	고래잡이 *
포기하다(抛棄—)	나가눕다
포대기	띠개
포르투갈(국가명)	뽀루뚜갈(국가명)
포말소화기(泡沫消火器)	거품소화기(—消火器)
포스터(poster)	선전화(宣傳畵) *
포장용기(包裝用器)	짐그릇 *
포장지(包裝紙)	꾸림종이 *
포전(圃田)	개포(—圃)
폭로하다(暴露—)	까밝히다
폭우(暴雨)	뚝비
폴란드(국가명)	뽈스까(국가명)
표고버섯	참나무버섯 *

남한 표준어	북한 문화어
표백(漂白)	바래기 *
표백분(漂白粉)	바램가루 *
표범(豹―)	불범
표절(剽竊)	도적글(盜賊―) *
표준어(標準語)	문화어(文化語)
푯돌(標―)	표돌(標―)
푸르스름한다	푸릿하다
푸석이	푸서기
풀장(pool場)	물공원(―公園)
품에 안다	걷어안다
풋거름작물(―作物)	록비작물(綠肥作物)
풋내기	생둥이
풍(風, 통풍병(風病))	바람증(―症)
풍경(風磬)	바람종(―鐘) *
풍식(風蝕)	바람깎기 *
풍압(風壓)	바람압력(―壓力)
풍치(風齒)	바람이 *
풍파(風波)	바람물결
퓨즈(fuse)	녹는줄
프라이팬(fry pan)	볶음판(―板, 통지짐판(―板)) *
프레임(frame)	흐렘(frame)
프롤로그(prologue)	머리이야기 *
프리킥(free kick)	벌차기(축구 용어)
피가수(被加數, 통더하임수(―數))	더해질수(―數)
피곤(疲困)	곤기(困氣)
피나는 노력(努力)	피타는 노력(努力)
피똥	홍찌(紅―)
피뢰침(避雷針)	벼락촉(―鏃) *
피망(piment)	사자고추 *
피칠	피칠갑
피투성이	피자박

남한 표준어	북한 문화어
핀잔을 주다	몰아주다
필터담배(filter—)	려과담배(濾過—) *
필통(筆筒)	필갑통(筆匣筒) *
핑계([동]불평(不平), 불만(不滿))	조건타발(條件—)

남 손전등
⇔ **북** 전지

남 장난감, 완구
⇔ **북** 놀음감

남 박스
⇔ **북** 지함

남 샴푸
⇔ **북** 머리비누

남 치약
⇔ **북** 이닦이약

남 타올
⇔ **북** 실코수건

남 볼펜
⇔ **북** 원주필

남 화장지
⇔ **북** 위생종이

남 냄비
⇔ **북** 쟁개비

ㅎ

남한 표준어	북한 문화어
하마(河馬)	물말*
하복(夏服)	여름살이옷*
하부조직(下部組織)	분조(分組)
하중(荷重)	짐무게*
하프타임(half time)	구간시간(區間時間)
학과장(學科長)	강좌장(講座長)
학사(學士)	전문가(專門家, 동기사(技士))
학습지도안(學習指導案, 동교재(教材))	학습제강(學習提綱)
학자(學者)인 척하다	학자연하다(學者然—)
한꺼번에	단꺼번에
한낮(동정오(正午))	중낮(中—)
한달음(동줄달음)	장달음*
한류(寒流)	찬물흐름
한몫	한모
한밤중(—中)	재밤중(—中)
한복(韓服)	조선옷(朝鮮—)*
한약(韓藥)	동약(東藥)
한의학(韓醫學)	고려의학(高麗醫學, 동동의학(東醫學))
한지(韓紙)	조선종이(朝鮮—)*
한차례(—次例, 동한바탕)	한축(—軸)
한통속	한속통
한평생(—平生)	한당대(—當代, 동한생(—生), 하나생(—生))
한풀이 죽다	한죽은하다
할아비	하내비
함재기(艦載機)	탑재기(搭載機)*
합병증(合併症)	따라난병(—病)
합선(合線)	줄닿이
합성어(合成語)	합친말(合—)*
합죽이	호물때기
합판(合板)	목삭판(木削板)

남한 표준어	북한 문화어
항공로(航空路)	비행기길(飛行機—) *
항문(肛門)	홍문(—門, 융항문(肛門))
해코지(害—, 융모함(謀陷))	남잡이
해당화(海棠花)	열기꽃
(암호문 등의) 해독(解讀)	변신(變信)
해독제(解毒劑)	독풀이약(毒—藥) *
해류(海流)	바다흐름 *
해병대(海兵隊)	해군륙전대(海軍陸戰隊)
해빙기(解氷期)	눈석임철
해설(解雪, 융눈석임)	눈석이
해수욕(海水浴)	바다물미역
해식(海蝕)	바다깎기
해열제(解熱劑)	열내림약(熱—藥)
해임(解任)	철직(撤職)
해저터널(海底tunnel)	물밑굴(—窟) *
해조류(海藻類)	바다마름류(—類)
해초(海草)	바다풀 *
핸드백(handbag)	손가방 *
핸드폰(hand phone, 융휴대전화 (携帶電話))	손전화(—電話)
핸들(handle)	조향륜(操向輪)
핸들링(handling)	손다치기(축구 용어)
햄버거(hamburger)	고기겹빵(—pão) *
행패(行悖)를 부리다	난탕을 치다
향토음식점(鄕土飮食店)	특산물식당(特産物食堂)
허공(虛空)	허궁
허기증(虛飢症)	초기증(初飢症)
허름하고 잡스럽다	허접스럽다
허리디스크(—disk)	허리증(—症)
허우대(융체격(體格))	키대(융큰체격(—體格))
허튼데	헛딴데

남한 표준어	북한 문화어
허파	숨주머니 *
허풍떨다(虛風—)	우퉁치다
허풍쟁이(虛風—)	꽝포쟁이
험상궂다	감궂다
헛걸음	공걸음(空—)
헛것이 보이다	헛거미가 잡히다
헛구역질(—嘔逆—)	마른구역질(—嘔逆—)
헛기침하거나 큰 숨을 내쉬다	톺다
헛소리(圈허튼소리)	헛나발
헝가리(국가명)	마쟈르(국가명)
헤드라이트(headlight)	큰등(—燈)
헤딩(heading)	머리받기(축구 용어)
헤어드라이어(hair drier)	머리건조선풍기(—乾燥扇風機)
헬리콥터(helicopter)	직승비행기(直昇飛行機)
헷갈리다	삭갈리다
헹가래	헤염가래
현미(玄米)	황정미(黃精米) *
현악기(絃樂器)	줄악기(—樂器) *
현안문제(懸案問題)	걸린문제(—問題)
혈관수축(血管收縮)	피줄수축(—收縮) *
혈구(血球)	피알 *
혈안(血眼)이 되다	피눈이 되다
혈액순환(血液循環)	피돌기 *
혈액형(血液型)	피형(—型) *
혈우병(血友病)	피나기병(—病)
혐기성(嫌氣性)	산소꺼림성(酸素—性) *
협곡(峽谷)	구유골
협심증(狹心症)	가슴조임증(—症) *
협정가격(協定價格)	유일가격(唯一價格)
형광등(螢光燈)	반디빛등(—燈)
형부(兄夫)	아저씨

남한 표준어	북한 문화어
형언(形言)하기 어렵다	이름못하다
호주머니(胡—, 㽅조끼주머니)	옆차기
호각(號角)	호르래기 *
호크(hock)	걸단추 *
혹한(酷寒)	된추위
혼내다(魂—)	혼쌀내다(魂—)
혼신(渾身)을 다하다	피타다
혼영(混泳)	섞음헤염 *
혼자	내절로(자신의 힘으로)
혼쭐(魂—)	혼뜨검(魂—)
혼쭐내다(魂—, 㽅다그치다)	다불러대다
홀딩(holding)	머물기(배구 용어)
홍수(洪水)	큰물
화가(畵架, 㽅이젤(easel))	그림버티개(미술용품)
화물선(貨物船)	짐배 *
화물열차(貨物列車)	짐렬차(—列車) *
화물칸(貨物—)	차판(車—)
화법(話法)	말하기법(—法) *
화장실(化粧室)	위생실(衛生室)
화장지(化粧紙)	위생종이(衛生—) *
화재경보기(火災警報器)	불종(—鐘)
화전(火田)	부대밭(附帶—)
확산(擴散)	퍼짐 *
확성기(擴聲機, 㽅스피커(speaker))	고성기(高聲機)
확실하다(確實—, 㽅틀림없다)	여불없다(餘不—)
확인하다(確認—)	까보다
환기(換氣)	공기갈이(空氣—) *
환기창(換氣窓)	공기창(空氣窓)
활기없다(活氣—)	늘크데하다
활엽수(闊葉樹)	넓은잎나무 *
활용형(活用形)	풀이형(—形)

남한 표준어	북한 문화어
황달(黃疸)	뜨개병
황반(黃斑)	누렁얼룩*
황혼(黃昏)	어슬막
햇불(솜방망이 햇불)	불방치
회전곡예(回傳曲藝)	전회교예(轉回巧藝)
회전문(回轉門)	도는문(一門)*
회전운동(回轉運動)	돌기운동(一運動)
회전의자(回轉椅子)	둥글의자(一椅子, 뜀도는의자)*
회충(蛔蟲)	거위
횡격막(橫膈膜, 뜀가로막(一膜))	가름막(一膜)
횡곡(橫谷)	가로골
횡재하다(橫財一)	호박(琥珀)을 잡다
횡포(橫暴)를 부리다(뜀날뛰다)	살판을 치다
후광(後光)	빛너울
후두결핵(喉頭結核)	울대결핵(一結核)
후보(候補)	후비(後備)
훈제(燻製)	내굴찜*
훌라후프(Hula—Hoop)	돌림틀
(눈이) 휘둥그렇다	올롱하다
휠체어(wheel chair)	삼륜차(三輪車)
휴머니즘(humanism)	구마니즘(humanism)
휴양소(休養所)	정양소(靜養所)
휴화산(休火山)	멎은화산(一火山)*
흉내	입내
흔들리다	드놀다
흔적(뜀발자취)	자욱
흘려보내다	지내보내다
흙벽돌(一壁—)	토피(土—)
흡수성(吸收性)	포수성(一性)*

남한 표준어	북한 문화어
흡연실(吸煙室)	담배칸
흡음재(吸音材)	소리잡이감
흰쌀밥	입쌀밥
히죽히죽	히들히들
힘차게 일어서다	일떠서다

북한
문화어편

남북한
언어
탐구생활

ㄱ

북한 문화어	남한 표준어
가가(假家, [동]작은 상점(—商店))	가게
가강히(加强—)	과감히(果敢—)
가갸시절(—時節) *	초보시절(初步時節)
가공철도(架空鐵道)	고가철도(高架鐵道)
가급금(加給金)	상여금(賞與金)
가까운값 *	근사값(近似—)
가까운바다 *	근해(近海)
가녁 *	가장자리([동]변두리(邊—))
가는귀먹기	난청(難聽)
가는바람 *	미풍(微風)
가는밸([동]작은창자)	소장(小腸)
가늠운동(—運動)	평균대운동(平均臺運動)
가늠추(—錐)	다림추(—錐, [동]수직추(垂直錘))
가다드리다	거두어들이다([동]모아들리다)
가다리	갈래([동]가랑이, 가닥)
가담가담	가끔
가닿다	도착하다(到着—)
가대기(농기구 종류)	쟁기
가두녀성(—女性)	가정주부(家庭主婦)
가두배추	양배추(洋—)
가드라들다	오그라들다
가라앉힘약(—藥) *	진정제(鎭靜劑)
가라지다	약해지다
가락장갑(—掌匣, [반]통장갑(—掌匣)) *	손가락장갑(—掌匣, [반]벙어리장갑(—掌匣))
가락지빵(—pão) *	도넛(doughnut)
가려보다	알아내다
가렴돋이 *	두드러기
가로골	횡곡(橫谷)
가로새다 *	빠져나가다([동]새다, 빗나가다)
가로타다	①차지하다 ②가로지르다

북한 문화어	남한 표준어
가루젖 *	분유(粉乳)
가름대	크로스바(crossbar)
가름막(一膜)	횡격막(橫膈膜, 등가로막(一膜))
가리킴대명사(一代名詞)	지시대명사(指示代名詞)
가마치	누룽지
가무이야기(歌舞一) *	뮤지컬(musical)
가물때 *	건조기(乾燥期)
가속답판(加速踏板)	가속페달(加速pedal)
가슴쓰리기(등위아픔) *	위통(胃痛)
가슴조임증(一症) *	협심증(狹心症)
가슴헤염	평영(平泳)
가시껍질동물(一動物) *	극피동물(棘皮動物)
가시다	씻다(등없애다, 벗다, 해소하다)
가시대(一臺)	개수대(一臺, 등싱크대(sink臺))
가시물(그릇 씻는 물)	개숫물
가시아버지	장인(丈人)
가시어머니	장모(丈母)
가위주먹	가위바위보
가을걷이 *	추수(秋收)
가을뻐꾸기 소리	터무니없는 소리
가정성분(家庭成分)	출신성분(出身成分)
가족금(家族金)	가족수당(家族手當)
가죽이김	가죽제조(一製造, 등무두질)
가지(등어방)	금방(今方, 등갓, 이제)
가지자르기 *	전정(剪定, 등전지(剪枝))
가지친말 *	파생어(派生語)
가지흐름	지류(支流, 등물줄기)
가짜이름 *	가명(假名)
가쯘하다	가지런하다
가찹다 *	가깝다
각사탕(角沙糖)	각설탕(角雪糖)

북한 문화어	남한 표준어
각이하다(各異—)	상이하다(相異—)
각전(角錢, 똥동전(銅錢))	거스름돈
간간하다	기쁘고 즐겁다
간고하다(艱苦—)	고생하다(苦生—, 똥가난하다)
간단없이(間斷—)	끊임없이(똥쉴새없이)
간번(—番)	지난번(—番)
간부사업(幹部事業)	고위층인사(高位層人事)
간이치료(簡易治療)	응급치료(應急治療)
간참(干參)	간섭(干涉)
간호장(看護長) *	수간호사(首看護師)
갈개다	난동하다(亂動—, 똥사납다, 뒹굴다)
갈겨보다 *	쩨려보다(똥쏘아보다)
갈긴글씨 *	난필(亂筆)
갈람하다	갸름하다
(추억, 슬픔 등이) 갈마들다	착잡하다(錯雜—)
갈마치다	솟구치다
갈아넣기법 *	대입법(代入法)
갈음옷	나들이옷(똥외출복(外出服))
갈이종이	사포(沙布)
감궂다	험상궂다
감정제대(鑑定除隊)	의가사제대(依家事除隊)
감촉하다(感觸—)	느끼다
감탕	진흙탕
감투(벼슬과 누명의 두 가지 뜻)	누명(陋名, 똥불명예(不名譽))
갑자르다	낑낑거리다
갑작바람 *	돌풍(突風)
갑작변이(—變異) *	돌연변이(突然變異)
갑작부자(—富者)	벼락부자(—富者)
갑작죽음 *	돌연사(突然死)
값눅은	값싼
갓난고기 *	치어(稚魚)

북한 문화어	남한 표준어
강구다	귀를 기울이다
강낭밥(㊐강냉이밥)	옥수수밥(玉―)
강냉이(㊐옥쌀(玉―))	옥수수(玉―)
강반(江畔)	강변(江邊, ㊐강가)
강보리밥 *	꽁보리밥
강서리 *	된서리
강수예보(降水豫報)	강우예보(降雨豫報)
강심살이	고생살이(苦生―)
강우기(降雨機)	스프링클러(spinkler)
강의하다(剛毅―)	강인하다(强忍―, ㊐굳다)
강자대회(强者大會) *	올스타전(all star戰)
강좌장(講座長)	학과장(學科長)
강타기(江―)	썰매타기
강탁(講卓)	교탁(教卓)
강파르다 *	가파르다
강판(江板)	빙판(氷板)
갖풀 *	아교(阿膠)
같기기호(―記號) *	등호(等號)
같기법칙(―法則)	동일법칙(同一法則)
같기식(―式) *	등식(等式)
같기표(―標) *	같음표(―標)
개건(改建)	①개선(改善) ②복원(復原)
개고기 ·	철면피(鐵面皮, 비위가 좋은 사람)
개끼다	사레가 들리다
개물	개밥(㊐개죽(―粥))
개체생활(個體生活)	개인생활(個人生活)
개체위생(個體衛生)	개인위생(個人衛生)
개포(―圃)	포전(圃田)
객부(客簿)	숙박계(宿泊屆)
갤판(미술용품)	팔레트(palette)
갱충머리없다	채신머리없다

북한 문화어	남한 표준어
거꾸로서기	물구나무서기
거꿀반응(―反應) *	역반응(逆反應)
거꿀셈법(―法) *	역산(逆算)
거꿀흐름 *	역류(逆流)
거님길	산책로(散策路)
거드치다	걷어붙이다
거들다	들먹이다
거르기종이 *	거름종이(퉁여과지(濾過紙))
거리나무 *	가로수(街路樹)
거부기(파충류)	거북
거쉬다	거칠다
거연히	우람차게(愚濫―, 퉁우람하게(愚濫―))
거위	회충(蛔蟲)
거의없다	틀림없다
거저일	보통일(普通―)
거접하다(居接―)	접근하다(接近―, 퉁근접하다(近接―))
거쿨지다	크고 씩씩하다
거품소화기(―消火器)	포말소화기(泡沫消火器)
건건하다(乾乾―)	(물 또는 물기 등이) 마르다
건늠길	건널목(퉁횡단보도(橫斷步道))
건땅(퉁진땅)	옥토(沃土)
건발기(乾髮機) *	드라이어(drier)
건병(乾病)	꾀병(―病)
건숭맞다	덜렁거리다
건으로	공연히(公然―)
건져내다 *	구출하다(救出―)
걷기경기(―競技) *	경보(競步)
걷어신다	마구 신다
걷어안다	품에 안다
걸고들다	시비(是非)를 걸다(퉁싸움을 걸다)

북한 문화어	남한 표준어
걸구(새끼를 낳은 돼지) *	걸귀(乞鬼)
걸그림 *	괘도(掛圖, [동]걸개그림)
걸그물	자망(刺網)
걸단추 *	호크(hock)
걸린문제(—問題)	현안문제(懸案問題)
걸상끈([동]박띠)	안전벨트(安全belt)
걸싸다([동]표표하다)	①사납다(성미 등이 모질고 억세다) ②날쌔다
걸써	건성([동]대강(大綱), 어림잡아)
걸음걸이	워킹(walking)
걸음발	발거름
걸음어김(농구 용어)	워킹반칙(walking反則)
걸탐스럽다	욕심(欲心)이 많다
걸핏	잠깐(暫間, [동]언뜻, 얼핏)
검박하다(儉朴—)	검소(儉素)하고 소박(素朴)하다
검밝기	명암(明暗)
검버섯 *	기미
검병(檢炳)	진찰(診察)
검식(檢食) *	시식(試食)
검은금(—金)	석탄(石炭)
겁석	덥석
겉바람	외풍(外風)
게걸증(—症)	다식증(多食症)
게바라다니다	나돌아 다니다
게바라오르다	기어오르다
게바르다	지저분하게 바르다
게사니(기러기의 변종)	거위
게우기	구토(嘔吐)
게잘싸하다	지저분하다([동]너절하다)
게틀레하다	너저분하다
겨눔거리(—距離)	조준거리(照準距離)

북한 문화어	남한 표준어
겨눔자(총(銃)의 겨눔)	가늠자
겨불내	코냄새(통단내)
겨울것	겨울용품(—用品)
겨울나이	월동(越冬)
격검(擊劍)	검도(劍道)
격발기(擊發機)	격발장치(擊發裝置)
견결하다(堅決—)	(의지·태도가) 굳세다
견줌무게	비중(比重)
결속하다(結束—)	끝내다(통매듭짓다)
결주(缺柱)	빈그루(통빈포기)
결찌	원촌(遠寸, 먼 친척)
결패(—覇)	패기(覇氣)
경로동(輕勞動)	쉬운 노동(勞動)
경석(輕席)	일반석(一般席)
경우맞춤(境遇—)	임기응변(臨機應變)
경제깜빠니야(經濟kampaniya)	경제투쟁(經濟鬪爭)
경침(硬寢)	일반침대(一般寢臺)
경편하다(輕便—)	가볍고 편리(便利)하다
경표(警標) *	경고표지(警告標識)
경험교환회(經驗交換會) *	사례발표회(事例發表會)
곁간살이(—間—)	곁방살이(—房—)
곁마누라 *	첩(妾)
곁바다	연해(沿海, 얕은 바다)
곁애기 *	에피소드(episode)
계단승강기(階段昇降機) *	에스컬레이터(escalator)
계란소(鷄卵素)	단백질(蛋白質)
계선(界線)	경계선(境界線)
계절조(季節鳥)	철새
계호원(戒護員)	교도관(矯導官)
고기겹빵(—pão) *	햄버거(hamburger)
고기떡(통튀김고기떡)	어묵(魚—)

북한 문화어	남한 표준어
고기마룩	고깃국
고기모음등(—燈)	집어등(集魚燈)
고기순대 *	소시지(sausage)
고깔나팔(—喇叭) *	메가폰(megaphone)
고농(雇農)	고용농민(雇用農民)
고누다	(활이나 총을) 겨누다
고동 *	싸이렝(siren)
고래잡이 *	포경어업(捕鯨漁業)
고려의학(高麗醫學, 통동의학(東醫學))	한의학(韓醫學)
고르기 *	선별(選別)
고르롭다	고르다(통평등하다(平等—))
고리틀운동(—運動)	안마운동(鞍馬運動)
고망년(古望年)	오랜옛날
고매끼(한복 용어)	대님
고모사촌(姑母四寸) *	고종사촌(姑從四寸)
고모아버지(姑母—) *	고모부(姑母夫)
고모어머니(姑母—) *	고모(姑母)
고무주머니(gomme—) *	콘돔(condom)
고뿌(cup)	컵(cup)
고삭다	썩다(통삭다)
고삿고삿	구석구석
고성기(高聲機)	확성기(擴聲機, 통스피커(speaker))
고속도선(高速度船)	쾌속정(快速艇)
고아대다 *	고함치다(高喊—)
고음기호(高音記號) *	높은음자리표(—音—標)
고입	입구(入口)
고자바치다(告者—)	고자질하다(告者—)
고정폰드(固定fond)	고정자산(固定資産)
고즈근하다	얌전하다(통조용하다)
고지(명태의 이리, 알, 내장)	명태정액(明太精液, 통어백(魚白))

북한 문화어	남한 표준어
고찰단(考察團)	시찰단(視察團)
고층살림집(高層—)	아파트(apartment)
곡산공장(穀産工場)	농산물공장(農産物工場)
곡상(斛上)	고봉(高捧, 툉수북)
곡상(曲想)	악상(樂想)
곤기(困氣)	피곤(疲困)
곤닭알	곯은계란(—鷄卵)
곤두벌레	장구벌레
곧은박이	고집불통(固執不通, 툉외고집)
곧추치기(권투 용어)	스트레이트(straight)
골간부대(骨幹部隊)	기반조직(基盤組織)
골받이	박치기
골살	이맛살
골서방(骨書房)	꽁생원(—生員)
곰열(툉곰쓸개)	웅담(熊膽)
곱놓다	되풀이하다(툉되뇌다)
곱등어(—魚)	돌고래
곱절수(—數) *	배수(倍數)
공걸음(空—)	헛걸음
공격어김(攻擊—, 축구 용어)	오프사이드(off side)
공기갈이(空氣—) *	환기(換氣)
공기방덥히기(空氣房—)	열풍난방(熱風煖房)
공기창(空氣窓)	환기창(換氣窓)
공동욕탕(公同浴湯)	대중목욕탕(大衆沐浴湯)
공동콤뮤니케(共同communiqué)	공동성명(共同聲明)
공민증(公民證)	주민등록증(住民登錄證)
공방살이(空房—)	독수공방(獨守空房)
공부놀이감(工夫—)	교육용완구(敎育用玩具)
공불(空—)	군불
공장대학(工場大學) *	산업체부설대학(産業體敷設大學)
공중비적(空中匪賊)	정찰기(偵察機)

북한 문화어	남한 표준어
과녁받이	총알받이(銃—)
과동준비(過冬準備)	월동준비(越冬準備)
과따대다	떠들어대다
과일단물	과일주스(—juice)
과줄	약과(藥果)
과학환상소설(科學幻想小說) *	공상과학소설(空想科學小說, SF)
곽밥([동]밥곽, 점심곽)	도시락
곽지	갈퀴
관광강사(觀光講士, [동]안내강사) *	관광안내원(觀光案內員)
관묶음(管—)	관다발(管—)
관문주의(關門主義)	폐쇄주의(閉鎖主義)
광폭영화(廣幅映畵) *	시네마스코프(cinema scope)
교양원(教養員)	유치원 보모(幼稚園保姆)
교예(巧藝)	곡예(曲藝, [동]서커스(circus))
교통안전원(交通安全員) *	교통경찰(交通警察)
교화소(教化所) *	교도소(矯導所)
구간시간(區間時間)	하프타임(half time)
구강과(口腔科)	치과(齒科)
구답시험(口答試驗)	구술시험(口述試驗)
구대원(舊隊員)	고참병(古參兵)
구두창작(口頭創作)	구비문학(口碑文學)
구름자 *	운형자(雲形—)
구마니즘(humanism)	휴머니즘(humanism)
구멍수	돌파구(突破口)
구멍탄(—炭) *	연탄(煉炭)
구분대(區分隊, 대대급 이하 부대)	중대(中隊)
구석기(—旗, [동]구석발, 축구 용어)	코너플래그(corner flag)
구석차기([동]모서리차기, 축구 용어)	코너킥(corner kick)
구성(救星)	구세주(救世主, [동]구원자, 인도자)
구역막기(區域—, 농구 용어)	지역방어(地域防禦)
구유골	협곡(峽谷)

북한 문화어	남한 표준어
구팡돌	디딤돌
구획난방(區劃暖房)	중앙난방(中央暖房)
군관(軍官)	장교(將校)
군둑거리다	건들거리다
군사칭호(軍事稱號)	군사계급(軍事階級)
군숨스럽다	궁상맞다
군의소(軍醫所)	의무대(醫務隊)
군중가요(群衆歌謠)	대중가요(大衆歌謠)
군중체육(群衆體育)	사회체육(社會體育)
굴간(窟間)	굴(窟)
굴개 *	롤러(roller)
굴러나다	물러나다
굴우물(窟―)	깊은우물
굴포	웅덩이(동수렁, 작은 저수지)
굵은밸(동큰창자)	대장(大腸)
굼때다	대강(大綱) 처리하다(處理―)
굽석굽석	굽실굽실
굽어들다	수그러들다
굽인돌이	모퉁이
궁겁다	궁금하다
궁냥	궁리(窮理)
궁싯궁싯하다	뒤척이다
귀맛 *	들을재미
귀쏘기	이통(耳痛)
귀에고리	귀고리
귀울이 *	이명(耳鳴)
균(菌) 깡그리 죽이기	멸균(滅菌)
균죽이기(菌―) *	살균(殺菌)
그느드순(―順)	기역니은디귿순(―順)
그늘지붕 *	차양(遮陽)
그니럽다	근지럽다

북한 문화어	남한 표준어
그닐그닐하다	근질근질하다
그닥	그다지
그라휘크(graphic)	그래픽(graphic, 통도표(圖表))
그러당기다	끌어당기다
그루빠	임시조직(臨時組織)
그림버티개(미술용품)	화가(畵架, 통이젤(easel))
그림영화(—映畵)	만화영화(漫畵映畵, 통애니메이션(animation))
그림종이	도화지(圖畵紙)
그물넘기(통손넘기, 배구 용어)	오버네트(over net)
그시그시 *	그때그때
그자리녹음(—錄音)	동시녹음(同時錄音)
그전값 *	종전가격(從前價格)
그지간	그간(통그동안, 그사이)
그쯘하다	미끈하다(통가지런하다)
그쯤하다	그만하다
근로인테리(勤勞intelli)	사무직근로자(事務職勤勞者)
근터구	근거(根據, 통구실(口實))
글자막(—字幕)	타이틀(title)
글장님	문맹자(文盲者)
글토막	문장(文章)
급양사업(給養事業)	급식(給食)
급해맞다(急—)	다급하다(多急—)
기계삽(機械—)	굴착기(掘鑿機)
기다림칸	대기실(待機室)
기둥선수(—選手)	스타플레이어(star player)
기름	지방(脂肪)
기름대우	기름칠(—漆)
기름박	깻묵
기름밥	볶음밥
기름배	유조선(油槽船)

북한 문화어	남한 표준어
기름뺀젖	탈지유(脫脂乳)
기름사탕(—砂糖)	캐러멜(caramel)
기름크림(—cream)	로션(lotion)
기름튀기	튀김
기발(旗—)	깃발(旗—)
기쁨슬픔병(—病)	조울병(躁鬱病)
기상수문국(氣象水門局)	기상대(氣象臺)
기요원(機要員)	비문관리자(秘文管理者)
기울써하다	기우뚱하다
기윽(ㄱ)	기역(ㄱ)
기통수(機通手)	연락병(連絡兵)
긴공연락(—連絡)	롱패스(long pass)
긴장하다(緊張—)	구하기 어렵다
길금	엿기름
길섶	갓길
길짱구	질경이
깃양복(—洋服)	정장(正裝, 융양복(洋服))
까까쟁이	이발사(理髮師)
까드리다	구부리다
까리	때(융기회)
까리까리(융새리새리)	알쏭달쏭
까메룬(국가명)	카메룬(국가명)
까박을 붙이다	트집을 부리다(융시비(是非)를 걸다)
까밝히다	폭로하다(暴露—)
까벨(kabel')	케이블(cable)
까보다	확인하다(確認—)
까부시다 *	격파하다(擊破—)
까비네트(cabinet)	캐비닛(cabinet)
까자흐스탄(국가명)	카자흐스탄(국가명)
까타르(국가명)	카타르(국가명)
깐지다	빈틈없다

북한 문화어	남한 표준어
깔따구([동]마른몸, 곤충 용어 포함)	각다귀([동]홀쭉이)
깜또라지	까마중
깜빠니야(kampaniya)	캠페인(campaign)
깡지	찌꺼기
깡지근하다	게으르다
깨깨	①몽땅([동]여지없이) ②빼빼(몹시 여위어 마른 모양)
깨여지다	깨어지다
꺼들이다	끌어들이다
꺾임 *	굴절(屈折)
껴울림	공명(共鳴, [동]마주울림)
꼬모르(국가명)	코모로(국가명)
꼬부랑국수 *	라면
꼬삐(copy)	카피(copy)
꼬스따리까(국가명)	코스타리카(국가명)
꼭두점(—點) *	꼭짓점(—點)
꼴을 먹다	무안(無顔)을 당(當)하다
꼴인(goal in)	골인(goal in)
꽁고(국가명)	콩고(국가명)
꽃나이	방년(芳年)
꽃묶음 *	꽃다발
꽃제비	부랑아(浮浪兒)
꽝포	거짓말
꽝포쟁이	허풍쟁이(虛風—)
꾸레미	꾸러미([동]부리망(—網))
꾸리다	마련하다([동]건설하다(建設—))
꾸림새	꾸밈새
꾸림종이 *	포장지(包裝紙)
꾸바(국가명)	쿠바(국가명)
꾸시시하다	부스스하다
꾹돈	뇌물(賂物)

북한 문화어	남한 표준어
꿀비 *	단비
꿈만하다	사소하다(些少—)
꿍지다(통꿍치다)	꾸기다(통쌓다, 묶다)
끌끌하다	듬직하다(통믿음직하다)
끌물길	도수로(導水路)
끌배(통견인배(牽引—)) *	견인선(牽引船, 통예인선(曳引船))
끌신(통골신)	슬리퍼(slipper)
끌어올리기(역도 용어)	인상(引上, 역도 용어)
끌차(—車) *	견인차(牽引車)
끌힘 *	인력(引力)
끓어번지다	끓어넘치다(통들끓다)
끼르기스스딴(국가명)	키르기스스탄(국가명)
끼쁘로스(국가명)	키프로스(국가명)
끼움말	삽입어(挿入語)
끼움종이 *	간지(間紙)

ㄴ

북한 문화어	남한 표준어
나가눕다	포기하다(抛棄—)
나간권총(nagan拳銃)	리볼버(revolver)
나굴다	나뒹굴다
나다 *	뚱뚱하다
나들문(—門)	출입문(出入門)
나들선(—線)	발착선(發着線)
나들이옷(통갈음옷)	외출복(外出服)
나들표(—票)	입장권(入場券)
나듬성(—性)	투과성(透過性)
나라길 *	국도(國道)
나래치다	기세(氣勢)를 떨치다
나리옷 *	드레스(dress)
나무랍다	언짢다
나무밥(통톱밥)	대패밥
나무베기 *	벌목(伐木)
나비헤염 *	접영(蝶泳)
나사이바퀴(螺絲—)	톱니바퀴
나사틀개(통열린나사틀개) *	스패너(spanner)
나어리다	나이가 어리다
나오기 *	등장(登場)
나지다(통비끼다)	나타나다
낙지(참오징어)	오징어(참낙지)
난데	낯선고장(다른 고장)
난데손님	낯선손님
난탕을 치다	행패(行悖)를 부리다
난통 *	딜레마(dilemma, 통난처(難處))
날개옷 *	케이프(cape, 소매가 없는 외투)
날거리	날씨
날래(통와닥닥)	빨리
날력하다	재빠르다
날말림 *	자연건조(自然乾燥)

북한 문화어	남한 표준어
날맥주(—麥酒) *	생맥주(生麥酒)
날면들면하다 *	들락날락하다
날바다	연안해역(沿岸海域)
날바람	강풍(强風)
날아나다	날아서 흩어지다
날자도장(—圖章) *	일부인(日附印)
날창(—槍)	대검(帶劍)
날총각(—總角) *	건달(乾達, 통난봉꾼)
날치기사격(—射擊) *	클레이사격(clay射擊)
날탕을 치다	파손하다(破損—, 통파괴하다(破壞—))
남나중	남보다 나중
남북머리(南北—)	짱구머리
남비탕(통지지개)	찌개
남새	나물(통채소(菜蔬))
남색(男色)	남자동성애(男子同性愛)
남석(南—)	남측양지(南側陽地)
남성고음(男聲高音) *	테너(tenor)
남성저음(男聲低音) *	베이스(bass)
남성중음(男性中音)	바리톤(baritone)
남잡이	해코지(害—, 통모함(謀陷))
남포약(—藥)	다이너마이트(dynamite)
납작납작	넓죽
납작못 *	압정(押釘)
낮대거래	낮교대(—交代)
낮전(—前)	오전(午前)
낮춤변압기(—變壓器)	강압변압기(降壓變壓器)
낮뒤	오후(午後)
낱알틸이 *	탈곡(脫穀)
내굴럽다	(연기 등이) 맵다
내굴중독(—中毒)	연기중독(煙氣中毒)

북한 문화어	남한 표준어
내굴찜	훈제(燻製)
(숨을) 내긋다	(숨을) 내쉬다
내뚝	냇둑(동방천(防川))
내려먹이기식교수(―敎授)	주입식교육(注入式敎育)
내리먹다	좌천되다(左遷―)
내리조기다	쳐부수다
내물	냇물
내밀성(―性)	추진성(推進性)
내밀손	추진력(推進力)
내밈대(―臺, 동내민층대(―層臺))	베란다(veranda)
내부예비(內部豫備)	잠재력(潛在力)
내오다	조직하다(組織, 동설립하다(設立―))
내우(남녀칠세부동석)	내외(內外)
내절로(자신의 힘으로)	혼자
내포국(內包―)	내장탕(內臟湯)
냄내다	배웅하다
냄새막이약(―藥)	방취제(防臭劑)
냄새빼기약(―藥)	탈취제(脫臭劑)
냉동고(冷凍庫)	냉장고(冷藏庫)
너비뛰기	멀리뛰기
넉셈	사칙연산(四則演算)
넉줄	덩굴(동넝쿨)
넋살탕	골탕
넓은잎나무	활엽수(闊葉樹)
넘겨주고받기	인수인계(引受人繼)
넝에	바다표범(―豹―)
넣는사람(야구 용어)	투수(投手)
네번치기(―番―, 배구 용어)	오버타임(over time)
넥타이꽂개(neck tie―)	넥타이 핀(neck tie pin)
녀성고음(女聲高音)	소프라노(soprano)
녀성저음(女性低音)	알토(alto)

북한 문화어	남한 표준어
녀성중음(女性中音)	메조소프라노(mezzo soprano)
년로보장(年老保障)	연금제도(年金制度)
노그라떨어지다	곯아떨어지다
노랑지다	기름지다
노래춤묶음	버라이어티쇼(variety show)
노박비([반]가랑비)	줄비
노방	노상([동]줄곧)
노죽	가식(假飾, [동]아첨(阿諂), 알랑방귀)
노회엽(蘆薈葉)	알로에(aloe)
녹는줄	퓨즈(fuse)
녹두지짐(綠豆—, [동]빈자)	빈대떡
녹여붙임 *	용접(鎔接)
놀음감	장난감([동]완구(玩具))
농마가루	녹말가루(綠末—)
농촌경리(農村經理)	농업경제(農業經濟)
높낮이평행봉(—平行棒)	이단평행봉(二段平行棒)
높뛰다	고동치다(鼓動—)
높은온도(—溫度) *	고온(高溫)
높이차(—差) *	낙차(落差)
높임변압기(—變壓器)	승압변압기(昇壓變壓器)
누게막(—幕)	원두막(園頭幕)
누기견딜성(—性)	내습성(耐濕性)
누기막이 *	방습(防濕)
누렁얼룩 *	황반(黃斑)
누름힘	압력(壓力)
누운헤염 *	배영(背泳)
누워뛰기	배면뛰기(背面—)
눅거리	싸구려
(값이) 눅다	(값이) 싸다
눅잦히다	위로하다(慰勞—)
눅지다	누그러지다

북한 문화어	남한 표준어
눈가량	눈짐작(—斟酌, [동]눈대중)
눈고패	눈사태(—沙汰)
눈굽	눈시울
눈귀	눈초리
눈기	눈치
눈꼬치	눈송이
눈딱총(—銃)	눈총(—銃)
눈맛	식욕(食慾)
눈발림	눈속임
눈보기거리(—距離, [동]보임거리(—距離))	가시거리(可視距離)
눈석이	해설(解雪, [동]눈석임)
눈석임철	해빙기(解氷期)
눈썹먹 *	마스카라(mascara)
눈앓이	눈병(—病, [동]안염(眼炎))
눈정신(—精神)	눈썰미
눈쪽렌즈(—lens)	접안렌즈(接眼lens)
눈치기차(—車)	제설차(除雪車)
눈허리	코허리
뉴창(aluminium窓)	알루미늄창(aluminium窓)
늘늘하다	넉넉하다
늘음성(—性)	연성(延性)
늘크데하다	활기없다(活氣—)
능달	응달([동]그늘)
능먹다	요령부리다(要領—)
능쪽	음지(陰地, [동]그늘)
니얼니얼	느글느글

ㄷ

북한 문화어	남한 표준어
다가끼다	끌어당기다
다가쓰다	앞당겨쓰다
다과대다	다그치다
다님표(―表)	운행표(運行表)
다락논 *	계단논(階段―)
다락밭 *	계단밭(階段―)
다리매([동]다리곡선미(―曲線美))*	각선미(脚線美)
다림발([동]다리미날, 다리미줄)	다리미질선(다리미질로 생긴 줄)
다문	적어도([동]하다못해)
다불러대다	혼쭐내다(魂―, [동]다그치다)
다사분망하다(多事奔忙―)	다사다망하다(多事多忙―)
다이야(tire)	타이어(tire)
닦다	볶다
단고기	개고기
단꺼번에	한꺼번에
단독돌입(單獨突入)	단독드리블(單獨dribble)
단마르크(국가명)	덴마크(국가명)
단맛재료(―材料)	감미료(甘味料)
단매([동]한방, 한번)	단방(單放)
단묵 *	양갱(羊羹)
단물([동]과일)	주스(juice)
단물약(―藥)	시럽(syrup)
단벌하다(單―)	유일무이하다(唯一無二―)
단수수	사탕수수(沙糖―)
단스(dance)	댄스(dance, [동]춤)
단야공(鍛冶工)	대장장이
단얼음	빙수(氷水)
단위명사(單位名詞)	의존명사(依存名詞)
단졸임 *	잼(jam)
닫아매다	닫아걸다
달거리아픔 *	생리통(生理痛)

북한 문화어	남한 표준어
달구지 *	우마차(牛馬車, [동]우차(牛車))
달린옷([동]외동옷)	원피스(one piece)
달못찬아이 *	미숙아(未熟兒)
달아빼다	달아나다
달임약(—藥) *	탕약(湯藥)
닭곰	삼계탕(蔘鷄湯)
닭공장(—工場)	양계장(養鷄場)
닭알 *	계란(鷄卵, [동]달걀)
닭알두부(—豆腐)	계란찜(鷄卵—)
닭알쌈밥	계란덮밥(鷄卵—)
닭유찜	닭고기튀김
담배질꾼	애연가(愛煙家)
담배칸	흡연실(吸煙室)
담살이	더부살이([동]머슴살이)
답새기다	공격하다(攻擊—, [동]족치다, 때리다)
당길힘	장력(張力)
당반	선반
당세포(黨細胞)	당조직(黨組織)
당콩	강낭콩(江南—)
대거리	교대(交代)
대괄호(大括弧)	중괄호(中括弧)
대렬훈련(對列訓練)	제식훈련(制式訓練)
대미쳐	곧바로
대바르다	올곧다([동]바르다)
대방(對方)	상대방(相對方, [동]상대편(相對便))
대상건설(對象建設)	건설사업(建設事業)
대상설비(對象設備)	기계설비(機械設備)
대숨	단숨(單—)
대중률동체조(大衆律動體操)	에어로빅(aerobic)
대천지원수(戴天之怨讐) *	불구대천지원수(不具戴天之怨讐)
대포밥	용병(傭兵)

북한 문화어	남한 표준어
대호(隊號)	암호(暗號)
댈물길 *	용수로(用水路)
댕기 *	리본(ribbon)
댕기운동(—運動) *	리본체조(ribbon體操)
더넘이	덤
더덜기법(—法)	가감법(加減法)
더미구름	뭉게구름
더운전선(—前線) *	온난전선(溫暖前線)
더운흐름	난류(暖流)
더하는수(—數)	가수(加數, ⑤덧수(—數))
더해질수(—數)	피가수(被加數, ⑤더하임수(—數))
덜기 *	빼기
덤장그물	정치망(定置網)
덧머리 *	가발(假髮)
덧주다	보태주다
데림분수(—分數)	대분수(帶分數)
데림소수(—小數)	대소수(帶小數)
데터(data)	데이터(data)
도간도간	드문드문
도는네거리 *	로터리(rotary)
도는문(—門) *	회전문(回轉門)
도래자	줄자
도려내기 *	적출(摘出)
도루래	땅강아지
도루메기	도루묵
도수경(度數鏡)	근시안경(近視眼鏡)
도순도순	오순도순
도이췰란드(국가명)	독일(국가명)
도적글(盜賊—) *	표절(剽竊)
독연극(獨演劇) *	모노드라마(mono drama)
독장수구구(—九九)	독장수셈(⑤옹산(甕算))

북한 문화어	남한 표준어
독풀이약(毒—藥) *	해독제(解毒劑)
돌기운동(—運動)	회전운동(回轉運動)
돌따보다	돌아다보다
돌따서다	돌아서다
돌림틀	훌라후프(Hula—Hoop)
돌바숨기	쇄석기(碎石機)
돌뿌다귀	돌뿌리
돌솜실	석면사(石綿絲)
돌아오기본능(—本能) *	귀소본능(歸巢本能)
돌아오는점(—點, 통돌이점(—點))	반환점(返還點)
돌아치다	돌아다니다(통쏘다니다)
돌음길	우회로(迂廻路)
돌장군	장사(壯士, 힘 센 사나이)
돌칸흙무덤	석실분(石室墳)
동가슴	앙가슴
동강옷(통나넌옷) *	투피스(two piece)
동강치마	짧은치마
동개다	포개다
동거살이(同居—) *	셋방살이(貰房—)
동그랭이(밀가루로 만든 것)	새알심(—心, 찹쌀로 만든 것)
동기와	나무기와
동동이 *	부표(浮標, 통낚시찌)
동떼다	동떨어지다
동뚝	제방(堤防)
동발나무	갱목(坑木)
동솔(童—, 어린 소나무)	어린솔
동시랍다	동그스름하다
동약(東藥)	한약(韓藥)
동작가	굼벵이(통느림보)
돼지열물	돼지쓸개
되거리(사서 곧 다시 파는 것) *	되넘기

북한 문화어	남한 표준어
되거리무역(―貿易)	중개무역(仲介貿易)
되살린고무(―gomme)	재생고무(再生gomme)
되살이	재생(再生)
되싸다(동 야싸하다)	심하다(甚―)
되익힘	복습(復習)
된걱정	큰걱정
된접하다(―怯―)	질겁하다(窒怯―, 동 놀래다)
된고약(―藥)	파스(pasta)
된기윽(ㄲ)	쌍기역(雙―, ㄲ)
된매를 안기다	타격(打擊)을 주다
된추위	혹한(酷寒)
두간두간	사이사이(동 종종(種種))
두리	주위(周圍)
두벌 *	재벌(再―)
두벌농사(―農事)	이모작(二毛作)
두벌자식(―子息)	손주(孫―, 손자와 손녀)
두상태기	늙은남자(―男子)
두성꽃(동 짝꽃)	양성화(兩性花)
두싹잎 *	쌍떡잎(雙―)
두전(頭錢)	구문(口文)
둥근무대(―舞臺)	원형극장(圓形劇場)
둥글모자(동 帽子)	베레모(beret帽)
둥글의자(―椅子, 동 도는의자) *	회전의자(回轉椅子)
뒤거두매	마무리(동 끝맺음)
뒤고방(―房)	골방(―房)
뒤번지다	복잡해지다(複雜―)
뒤산(―山)	뒷산(―山)
뒤셈(동 셈따지기)	검산(檢算)
뒤채기다	몸부림치다
드놀다	흔들리다
드디어 *	드디어

북한 문화어	남한 표준어
드레박 *	두레박
드림버들	수양버들(垂楊—)
드문하다	자주 있다
드살	등쌀
드팀없다	착오 없다(錯誤—)
들가방	손가방
들림소리	가청음(可聽音)
들모임	소풍(消風)
들어온말	외래어(外來語)
들을힘	청력(聽力)
들임말	인용어(引用語)
들장나다	들키다([동]들통나다)
등불게임(燈—game)	야간경기(夜間競技)
등불끄기	소등(消燈)
등탈(생각 외로 생긴 일)	뒤탈(—頉)
디대	계단(階段)
따기군	소매치기
따꽃	채송화(菜松花)
따당수법(—手法)	퍽치기
따따하다 *	따스하다
따라난병(—病)	합병증(合併症)
따로외우기	암송(暗誦)
따바리	따발총(—銃)
따습성(—性) *	보온성(保溫性)
따웅(호랑이 소리)	어흥
따져읽기	정독(精讀)
딱친구(—親舊)	단짝 친구(—親舊)
딸기단졸임 *	딸기잼(—jam)
딸따리(경운기(耕耘機)의 속된 말)	딸딸이
딸라([동]외폴)	달러(dollar)
땅겉면(—面) *	지표면(地表面)

북한 문화어	남한 표준어
땅생김 *	지형(地形)
땅속건늠굴길(—窟—)	지하도(地下道)
땅속물 *	지하수(地下水)
땅일구기 *	개간(開墾)
땅주름 *	습곡(褶曲, 지각 변동의 주름)
땅크(tank)	탱크(tank)
때살	살코기
때식(—食)	끼니
떡보숭이	떡고물
떨기너비 *	진폭(振幅)
떨렁밥	압력솥밥(壓力—)
떼무이	뗏목작업(—作業)
또고(국가명)	토고(국가명)
뙈기논밭	개인농지(個人農地)
뚜꺼먹다	빼먹다
뚜지다	뒤집다([동]파다)
뚝감자	돼지감자([동]뚱딴지)
뚝박새 *	무뚝뚝이(무뚝뚝한 사람)
뚝비	폭우(暴雨)
뚫음새김	돋을새김([동]양각(揚角))
뚸뚸하다	미덥지못하다
뛰르끼예(국가명)	터키(국가명)
뜨개병	황달(黃疸)
뜨게부부(—夫婦)	사실혼부부(事實婚夫婦)
뜨게옷 *	메리야스(medias)
뜨더국	수제비
뜨락또르(traktor)	트랙터(tractor)
뜬말	뜬소문(—所聞)
뜰힘 *	부력(浮力)
뜻같은말 *	동의어(同義語)
뜻반대말(—反對—)	반의어(反意語)

북한 문화어	남한 표준어
뜻비슷한말	유의어(類義語)
뜻빛갈 *	뉘앙스(nuance)
띄여쓰기 *	띄어쓰기
띄우기	발효(醱酵)
띠개	포대기
띠끔하다 *	뜨끔하다

ㄹ

북한 문화어	남한 표준어
라선층층대(螺旋層層臺)	나선계단(螺旋階段)
라지오(radio)	라디오(radio)
라지오망원경(radio 望遠鏡)	전파망원경(電波望遠鏡)
라침판(羅針板)	나침반(羅針盤)
락오분자(落伍分子)	낙오자(落伍者)
락자없다(落字—)	영락없다(零落—, ⑤틀림없다)
락제(落第)국을 먹다 *	미역국을 먹다(⑤낙방하다(落榜—))
랍질강냉이	찰옥수수(—玉—)
랭풍기(冷風器)	에어컨(air conditioner)
량권(糧券)	식권(食券)
량재기(量—)	검량(檢量)
량태머리(兩—) *	쌍가랑머리(雙—)
레루(rail)	레일(rail)
레이자전축(laser電蓄)	시디플레이어(CD player)
렌트겐(röntgen—독어)	엑스레이(X—ray)
려객기승조장(旅客機乘組長)	여객기기장(旅客機機長)
려과담배(濾過—) *	필터담배(filter—)
력기(力技)	역도(力道)
력일수(曆日數)	가동일자(稼動日子)
련결차(連結車, ⑤도레라(trailer))	트레일러(trailer)
련맹전(聯盟戰) *	리그전(league戰)
련방(聯邦)	인방(隣邦)
련속나눔수(連續—數) *	최대공약수(最大公約數)
련애군(戀愛君)	바람둥이
렬차안전원(列車安全員)	철도공안원(鐵道公安員)
렬차원(列車員)	승무원(乘務員)
령군술(領軍術)	용병술(用兵術)
령길(嶺—)	고갯길
로동개미(勞動—)	일개미
로동재해(勞動災害)	산업재해(産業災害)
로력혁신자(勞力革新者)	모범근로자(模範勤勞者)

북한 문화어	남한 표준어
로무니아(국가명)	루마니아(국가명)
로씨야(국가명)	러시아(국가명)
록비작물(綠肥作物)	풋거름작물(—作物)
록음보도(錄音報道)	녹음방송(錄音放送)
록지띠(綠地—)	녹지지역(綠地地域)
록화기(錄畵機) *	브이씨알(VCR)
록화촬영기(錄畵撮影機) *	캠코더(camcorder)
료리차림표(料理—表) *	메뉴(menu)
료해(了解)	이해(理解)
륜밑던져넣기(輪—, 농구 용어)	골밑슈팅(goal—shooting)
륜체조(輪體操, 동고리체조) *	링운동(ring運動)
륜환도로(輪環道路)	순환도로(循環道路)
륜환선(輪環線)	순환선(循環線)
리뜨바(국가명)	리투아니아(국가명)
리베리아(국가명)	라이베리아(국가명)
립체다리(立體—)	입체교차로(立體交叉路)

□

북한 문화어	남한 표준어
마가리	오두막(—幕)
마가을	늦가을
마감고비	막바지
마감역(磨勘驛)	종착역(終着驛)
마구다지	마구잡이
마구망탕 *	되는대로
마다라스(matras)	매트리스(mattress)
마라손(marathon)	마라톤(marathon)
마라초(—草)	궐련(卷煙)
마룩	국(국물의 준말)
마르끄(국가명)	모로코(국가명)
마른구역질(—嘔逆—)	헛구역질(—嘔逆—)
마사지다	부서지다
마소	우마(牛馬)
마술경기(馬術競技) *	승마경기(乘馬競技)
마스다(통부시다)	부수다(통깨뜨리다)
마여름	늦여름
마음다툼	갈등(葛藤)
마쟈르(국가명)	헝가리(국가명)
마침물건(—物件)	주문품(注文品)
막간(幕間)	잠시(暫時, 통잠깐)
막간곡(幕間曲)	간주곡(間奏曲)
막기(배구 용어)	블로킹(blocking)
막대도표(—圖表) *	막대그래프(—graph)
막물	끝물
막팔기 *	덤핑(dumping)
막힌벨 *	맹장(盲腸)
만가동(滿稼動, 통만부하(滿負荷))	최대가동(最大稼動)
만년버섯(萬年—)	영지버섯(靈芝—)
만단(萬端)	만반(萬般)
만문하다	만만하다

북한 문화어	남한 표준어
말공부(一工夫)	공염불(空念佛)
말림칸	건조실(乾燥室)
말림터	건조장(乾燥場)
말바꿈법(一法) *	은유법(隱喩法)
말밥	구설수(口舌數)
말뿌리 *	어근(語根)
말수더구	말수(一數, 통말솜씨)
말씀중(一中) *	통화중(通話中)
말잃기증(一症)	실어증(失語症)
말째다	까다롭다(통거북하다)
말초리	말머리
말하기법(一法) *	화법(話法)
맛내기	조미료(調味料, 통양념)
맛내기소금 *	맛소금
맛다르다 *	색다르다(色一)
망돌(통망짝)	맷돌
망원초(望遠哨)	감시초소(監視哨所)
망탕	마구(통되는대로)
망태기	엉망
망판	막판
망홀(manhole)	맨홀(manhole)
맞들이	들것
맞붙기 *	유착(癒着)
맞서기	대련(對鍊, 통겨루기)
맞아넘어지기(권투 용어)	다운(down)
맞은각(一角) *	대각(對角)
맞은번호	당첨번호(當籤番號)
맞춤도장 *	계인(契印)
맞혼인(一婚姻)	연애결혼(戀愛結婚)
매닥질(정신없는 몸짓)	매대기
매사하다	나른하다

북한 문화어	남한 표준어
매생이(노가 달려 있는 배)	나룻배
맥살(脈—)	맥(脈)
맵짜다	옹골차다
맹종맹동(盲從盲動)	맹종(盲從, 통복종(僕從))
맺음이야기 *	에필로그(epilogue)
맺음표(—標)	종결어미(終結語尾)
먄마(국가명)	미얀마(국가명)
머리건조선풍기(—乾燥扇風機)	헤어드라이어(hair drier)
머리꼬리없이	밑도끝도없이
머리단장 *	미용(美容)
머리막(—幕)	서막(序幕)
머리받기(축구 용어)	헤딩(heading)
머리비누	샴푸(shampoo)
머리살	머릿살
머리아픔 *	두통(頭痛)
머리이야기 *	프롤로그(prologue)
머물기(배구 용어)	홀딩(holding)
머물새 *	텃새(반철새)
먹고닮다	빼닮다(통똑같다)
먹는기름	식용유(食用油)
먹세기	먹보(통식충이(食蟲—))
먹을알	이익(利益, 통잇속)
먹이작물(—作物)	사료작물(飼料作物)
먼바다고기배	원양어선(遠洋漁船)
멎은화산(—火山) *	휴화산(休火山)
메돼지	멧돼지
메밀눈	작은눈
메사하다	쑥스럽다
메히꼬(국가명)	멕시코(국가명)
멜가방 *	배낭(背囊)
멜끈바지	멜빵바지

북한 문화어	남한 표준어
멜바([동]질바)	멜빵
멱다시([동]살멱)	멱살
멱들이(짚으로 만든 그릇) *	멱서리
멱주머니	모이주머니([동]멀떠구니)
면바로	정면으로(正面—)
면비교육(免費教育)	무상교육(無償教育)
면옥(麵屋)	국수집
명예위병대(名譽衛兵隊)	의장대(儀仗隊)
모개미꽂는기계(—機械)	이앙기(移秧機)
모대기다	고민하다(苦悶—)
모두매	몰매([동]뭇매, 집단구타(集團毆打))
모래터배구(—排球) *	비치발리볼(beach volly ball)
모록이	같이([동]함께, 그대로)
모르는수(—數) *	미지수(未知數)
모를 박다	매진하다(邁進—)
모범출연(模範出演)	시범경기(示範競技)
모사전송기(模寫電送器)	팩시밀리(facsimile, [동]팩스)
모습갈이	변태(變態, [동]탈바꿈)
모양글자(模樣—字) *	상형문자(象形文字)
모양닮기(模樣—) *	의태(意態)
모양본딴말(模樣—) *	의태어(擬態語)
모연금(募捐金)	모금(募金)
모음빠지기(母音—) *	모음탈락(母音脫落)
모의발성법(模擬發聲法)	성대모사(聲帶模寫)
모임	집합(集合)
모재비 *	모잽이([동]옆방향)
모지름 *	모질음(모질게 쓰는 힘)
모터찌클(motor cycle)	오토바이(auto bicycle)
목달개	칼라(collar, [동]깃받이)
목봉(木棒)	평행봉(平行棒)
목삭판(木削板)	합판(合板)

북한 문화어	남한 표준어
목수건(—手巾)	스카프(scarf)
목안염(—炎)	인두염(咽頭炎)
목자(木—)	면직(綿織)
목책(木冊)	수첩(手帖)
몰기(축구 용어) *	드리블(dribble)
몰몰	모락모락
몰붓다	집중하다(集中—)
몰붙다	몰려붙다
몰사격(—射擊)	집중사격(集中射擊)
몰아주다	핀잔을 주다
몰켜서다	모여서다
몸거둠	몸치장(—治粧)
몸까기([동]살까기)	다이어트(diet)
몸닥달	몸단속(—團束)
몸뒤짐	몸수색(—搜索)
몸매띠(여성 속옷) *	코르셋(corset)
몸이 까다	몸이 야위다
몸틀	마네킹(mannequin)
묘득(妙得)	묘책(妙策)
무게급(—級) *	체급(體級)
무닭	장닭([동]수탉)
무더기비	집중호우(集中豪雨)
무둑하다	두둑하다(수북하게 쌓이다)
무딘각(—角) *	둔각(鈍角)
무랍(물에 마른 밥)	물밥
무른고약(—膏藥) *	연고(軟膏)
무릎바지	반바지(半—)
무릎싸움	닭싸움
무리등(—燈, [동]장식등(裝飾燈))	샹들리에(chandelier)
무맥하다(無脈—)	무기력하다(無氣力—)
무선대화기(無線對話機)	무전기(無電機)

북한 문화어	남한 표준어
무연하다	까마득하다
무우겨절임	단무지
무우오가리	무말랭이
무이	묶음(퉁조합(組合))
무잠	잠수(潛水)
무잠이	잠수부(潛水夫)
무중(無中)	무심결(無心—)
무지개다리 *	아치교(arch橋)
묵새기다	참다
묵어나다	방치되다(放置—)
문다지다	문지르다(퉁문대다)
문전결속(門前結束)	문전처리(門前處理)
문제(問題) 세우다	비판(批判)·토론(討論)의 대상으로 삼다
문지기(門—, 축구 용어)	골키퍼(goal keeper)
문화어(文化語)	표준어(標準語)
문화일(文化日)	토요일(土曜日)
문화주택(文化住宅)	연립주택(聯立住宅)
물개기칠감(—漆—)	수성 페인트(水性paint)
물견딜성(—性)	내수성(耐水性)
물결길이 *	파장(波長)
물결높이 *	파고(波高)
물결속도(—速度) *	파속(波速)
물고뿌(—cup)	물컵(—cup)
물공원(—公園)	풀장(pool場)
물깊이지도(—地圖)	수심도(水深圖)
물들이기 *	염색(染色)
물들체(—體) *	염색체(染色體)
물렁감	연시(軟柿, 퉁홍시(紅柿))
물레걸음	뒷걸음질
물막이 *	방수(防水)

북한 문화어	남한 표준어
물말 *	하마(河馬)
물밑굴(—窟) *	해저터널(海底tunnel)
물반(—盤)	수평기(水平器, [동]수준기(水準器))
물빼기약(—藥)	탈수제(脫水劑)
물뿌림차(—車)	살수차(撒水車)
물스밈층(—層)	투수층(透水層)
물스키(—ski) *	수상스키(水上ski)
물에 뛰여들기	다이빙(diving)
물올리기	양수(揚水)
물우	상류(上流)
물젖다	물들다
물찬때 *	만수기(滿水期)
물힘 *	수력(水力)
뭇다	잇다([동]맺다)
뭇대	작살
뭉청	뭉텅([동]몽탕)
미끄러져빼앗기(축구 용어)	슬라이딩태클(sliding tackle)
미끄럼약(—藥) *	윤활제(潤滑劑)
미누스(minus)	마이너스(minus)
미리막이하다	예방하다(豫防—)
미리익힘	예습(豫習)
미세기뚝	방조제(防潮堤)
미시리	얼간이([동]반편이(半偏—))
미우다	냉대하다(冷待—)
미찐(mycinum)	마이신(mycin, [동]항생제(抗生劑))
미츠러지다	미끄러지다
미친소병(—病) *	광우병(狂牛病)
민간오락(民間娛樂)	민속놀이(民俗—)
민용항공(民用航空)	민간항공(民間航空)
밀맡기다	떠맡기다

북한 문화어	남한 표준어
밀쌀	백미(白米)
밑감	원료(原料)
밑자금	원금(元金)

ㅂ

북한 문화어	남한 표준어
바깥각(—角)	외각(外角)
바깥권(—圈)	외기권(外氣圈)
바깥무대(—舞臺) *	야외무대(野外舞臺)
바깥힘	외력(外力)
바꿈법칙(—法則) *	교환법칙(交換法則)
바늘잎나무숲 *	침엽수림(針葉樹林)
바다가	바닷가
바다개	물개
바다골뱅이 *	소라
바다깎기	해식(海蝕)
바다농사(—農事) *	수산물양식(水産物養殖)
바다뜬작업대(—作業臺)	바지선(barge船)
바다마름류(—類)	해조류(海藻類)
바다물미역	해수욕(海水浴)
바다자리호수(—湖水)	석호(潟湖)
바다잠기기	침강(沈降)
바다풀 *	해초(海草)
바다흐름 *	해류(海流)
바둑개 *	바둑이
바드민톤(badminton)	배드민턴(badminton)
바띠까노(Vatican)	바티칸(Vatican)
바라나오다([동]쓸어나오다)	몰려서 나오다([동]쓸려 나오다)
바라다니다	싸돌아다니다([동]방황하다(彷徨—))
바람갈이 *	통풍(痛風)
바람깎기 *	풍식(風蝕)
바람물결	풍파(風波)
바람압력(—壓力)	풍압(風壓)
바람이 *	풍치(風齒)
바람종(—鐘) *	풍경(風磬)
바람증(—症)	풍(風, [동]풍병(風病))
바래기 *	표백(漂白)

북한 문화어	남한 표준어
바램가루 *	표백분(漂白粉)
바로옮김법(一法) *	직접인용법(直接引用法)
바른륙면체(一六面體) *	정육면체(正六面體)
바른모기둥	정각기둥(正角一)
바른비례(一比例) *	정비례(定比例)
바른사각형(一四角形) *	정사각형(正四角形)
바른삼각형(一三角形) *	정삼각형(正三角形)
바름하다	벌어지다(틈이 생기다)
바보	치매(癡呆)
바빠맞다	바쁘다
바삭과자 *	전병(煎餠)
바위짬	바위틈
바자문(一門, 통발문(一門))	사립문(一門, 통발문(一門))
바재이다	망설이다(통머뭇거리다)
바질바질	바싹바싹
바치다(통물다) *	납부하다(納付一)
박산나다(撲散一)	박살나다(撲殺一)
박절기(拍節器, 음악 용어) *	메트로놈(metronome)
박죽	주걱(통밥주걱)
반공격(反攻擊)	역습(逆襲)
반디빛등(一燈)	형광등(螢光燈)
반변(叛變)	쿠데타
반숭건숭	건성건성
반충(反衝)	반동(反動)
반타격(反打擊)	반격(反擊)
반탐물(反探物)	첩보물(諜報物)
반탐영화(反探映畵)	방첩영화(防諜映畵)
받는데	접수구(接受口)
받아물다	받아들이다
발가락사이막(一膜)	물갈퀴
발그다	벗기다(통밝혀내다)

북한 문화어	남한 표준어
발그라지다	되바라지다
발디디개	페달(pedal)
발딱코(롱사자코) *	벌렁코(롱들창코)
발로되다(發露—)	드러나다
발면발면	살금살금
발명권(發明權)	특허권(特許權)
발바리차(—車)	소형택시(小型taxi)
발방아 *	디딜방아
발전도상나라(發展途上—) *	개발도상국(開發途上國)
발쪽	족발(足—)
발취(拔取)	발췌(拔萃)
밝은모음(—母音) *	양성모음(陽性母音)
밝음도(—度) *	명도(明度)
밟아달리기	도움닫기(롱조주(助走))
밤눈증(—症, 롱어둠눈) *	야맹증(夜盲症)
밤오줌증(—症) *	야뇨증(夜尿症)
밤을 패다	밤을 새우다
밥감주(—甘酒) *	식혜(食醯)
밥도적(—盜賊) *	밥벌레
밥바리	밥그릇
밥상칼(—床—)	나이프(knife)
밥탁(—託)	밥줄(롱밥통)
방거두매(房—)	방청소(房淸掃)
방사포(放射砲)	로켓포(rocket砲)
방송야회(放送夜會)	공개방송(公開放送)
방송원(放送員) *	아나운서(announcer)
방식상학(方式上學)	시범교육(示範敎育)
방안해비침	채광(採光)
방조하다(幇助—)	도와주다
방치	방망이
배경대(背景臺)	카드섹션(card section)

북한 문화어	남한 표준어
배껏	양껏(量—)
배다님표(—表)	운항표(運航表)
배덧	체증(滯症)
배들배들하다	쇠약하다(衰弱—, 동허약하다(虛弱—))
배띠 *	복대(腹帶)
배막(—膜) *	복막(腹膜)
배맬부표(—浮標)	계선부표(繫船浮標)
배맬터	계류장(繫留場)
배무이	조선(造船)
배열기수술(—手術)	개복수술(開腹手術)
배움나들이 *	수학여행(修學旅行)
배워주다 *	가르치다
배증(—症)	배탈(—頉)
배타기	승선(乘船)
백날기침(百—) *	백일해(百日咳)
밸	창자(동장(腸))
밸아픔	장통(腸痛)
밸젓	창난젓
밸출혈(—出血)	장출혈(腸出血)
밸풀이	분풀이(憤—, 동화풀이(火—))
버럭	잡석(雜石)
버림물 *	폐수(廢水)
버티기투쟁(—鬪爭)	농성투쟁(籠城鬪爭)
번대머리	대머리
번하다	번듯하다(동편하다, 밝아지다)
벌가리아(국가명)	불가리아(국가명)
벌길	들길
벌넣기(농구 용어)	자유투(自由投)
벌둥지	벌집
벌레잡이약(—藥) *	살충제(殺蟲劑)

북한 문화어	남한 표준어
벌림대(一臺)	진열대(陳列臺)
벌방지대(一地帶)	평야지대(平野地帶)
벌씬	방그레(통방긋)
벌차기(축구 용어)	프리킥(free kick)
벌치기 *	양봉(養蜂)
벗사귐	사교(社交)
베감투	두건(頭巾)
베차다	버겁다
벨지끄(국가명)	벨기에(국가명)
벼락촉(一鏃) *	피뢰침(避雷針)
벼랑부처 *	마애불(磨崖佛)
벼바심	벼타작(一打作)
벼열병(一熱病) *	도열병(稻熱病)
벽소설(壁小說)	콩트(conte, 통단편소설(短篇小說))
변놀이(邊一)	이자놀이(利子一)
변놓이(邊一)	돈놀이
변신(變信)	(암호문 등의) 해독(解讀)
별찌	별똥(통유성(流星))
별찌돌	운석(隕石)
병실(兵室)	내무반(內務班)
볕소금	천일염(天日鹽)
보가지	복어
보내주다 *	공급하다(供給一)
보는각(一覺) *	시각(視覺)
보는세포(一細胞) *	시세포(視細胞)
보는신경(一神經) *	시신경(視神經)
보도랑(洑一)	봇도랑(洑一)
보도문학(報道文學)	기록문학(記錄文學)
보돌(洑一)	봇돌(洑一)
보리고개 *	춘궁(春窮)
보병삽(步兵一)	야전삽(野戰一)

북한 문화어	남한 표준어
보숭이	고물(古物)
보슴털	솜털
보신주의(保身主義)	개인이기주의(個人利己主義)
보아넘기다 *	간과하다(看過—)
보안원(保安員, 튕안전원(安全員))	경찰관(警察官)
보위색(保衛色)	국방색(國防色)
보위원(保委員)	비밀경찰(秘密警察)
보육원(保育員)	보모(保姆)
보임광선(—光線)	가시광선(可視光線)
보임차(—差)	시차(視差)
보장하다(保障—, 많은 뜻으로 쓰임)	가능하다(可能—)
보총(步銃)	소총(小銃)
보탬각(—角)	보각(補角)
보통옷(普通—)	평복(平服)
보표(譜表)	악보(樂譜)
보호새(保護—) *	보호조(保護鳥)
복거리(伏—)	삼복철(三伏—)
복새	북새(튕법석)
복종선(複縱線) *	겹세로줄
볶음머리 *	파마머리(permanent—)
볶음판(—板, 튕지짐판(—板)) *	프라이팬(fry pan)
본모양그림(本模樣—)	사생화(寫生畵)
볼맛	재미
볼먹은소리	볼멘소리
볼샘(튕오목샘) *	보조개
볼웃음 *	미소(微笑)
봇나무	자작나무
봉망(鋒芒)	①칼끝(튕창끝) ②예기(銳氣)
부감하다(俯瞰—)	내려다보다
부교장(副校長) *	교감(校監)
부대밭(附帶—)	화전(火田)

북한 문화어	남한 표준어
부들털	융모(絨毛, [동]융털(絨—))
부루(채소의 이름)	상추(채소의 이름)
부리촉(—鏃)	가막부리
부살	사타구니([동]샅, 허벅지의 상단)
부스럭돈([동]사슬돈)	잔돈(殘—)
부스럭일	잔일
부엌거두매	부엌청소
부엌방(—房) *	주방(廚房)
부엌세간 *	주방도구(廚房道具)
부족점(不足點)	단점(短點)
부침땅([동]갈이땅) *	경작지(耕作地)
부피불음 *	팽창(膨脹)
부화(浮華)	간통(姦通)
북한언어	남한언어 (ㄴ)
북한언어	남한언어 (ㄷ)
분간휴식(分間休息)	작전타임(作戰time)
분공(分工)	업무분담(業務分擔)
분자큰분수(分子—分數) *	가분수(假分數)
분조(分組)	하부조직(下部組織)
분주탕(奔走—, [동]쿵창판)	소란(騷亂)
분첩갑(粉貼匣) *	콤팩트(compact)
분칠(粉漆)을 하다	위장(僞裝)을 하다
분크림(粉cream)	파운데이션(foundation)
분탕(粉湯)	당면(唐麵)
분필그림(粉筆—) *	파스텔화(pastel畵)
불견딜감	내화재료(耐火材料)
불견딜구조(—構造)	내화구조(耐火構造)
불견딜성(—性)	내화성(耐火性)
불꽃틔우개	점화장치(點火裝置)
불꾸레미	불꾸러미
불당김성(—性) *	인화성(引火性)

북한 문화어	남한 표준어
불당김점(―點) *	인화점(引火點)
불도젤(bul'dozer)	불도저(bulldozer)
불막이 *	방화(防火)
불막이벽(―壁) *	방화벽(防火壁)
불방치	횃불(솜방망이 횃불)
불벌레	반딧불이(通개똥벌레)
불범	표범(豹―)
불심지(―心―)	도화선(導火線)
불어먹다	털어먹다
불완전꽃	안갖춘꽃
불원코(不遠―)	반드시
불일기	발화(發火)
불종(―鐘)	화재경보기(火災警報器)
불질(通불구름)	전쟁(戰爭)
불찌	불티(通불똥)
불카하다	불콰하다
불탈가스(―gas) *	가연성가스(可燃性gas)
불탈성(―性) *	가연성(可燃性)
불필코	기필코(期必―)
붉은피알 *	적혈구(赤血球)
붓기	부종(浮腫)
붙기	부착(附着)
붙어살이 *	기생(寄生)
붙어살이동물(―動物) *	기생동물(寄生動物)
붙을힘 *	부착력(附着力)
붙임쪽지(―紙) *	부전지(附箋紙)
붙임표(―表)	별표(別表, 通부표(附表))
붙임풀 *	접착제(接着劑)
비김	비교(比較)
비꼬치	빗방울
비끼다	(감정·표정 등이) 담겨 있다(通나타나다)

북한 문화어	남한 표준어
비닐온실(vinyl溫室) *	비닐하우스(vinyl house)
비돌(碑—)	비석(碑石)
비물딱개	자동차 와이퍼(自動車wiper)
비상층대(非常層臺)	비상계단(非常階段)
비칠거리다	비틀거리다
비침도재개(—度—)	조도계(照度計)
비침색(—色)	투명색(透明色)
비침종이 *	투사지(透寫紙)
비탈각(—角) *	경사각(傾斜角)
비탈도(—度) *	경사도(傾斜度)
비트('비밀아지트'의 준말)	비밀아지트(秘密agitpunkt)
비행기길(飛行機—) *	항공로(航空路)
비행안내원(飛行案內員) *	스튜어디스(stewardess)
빈말공부(—工夫)	공론(空論)
빌림값	임차료(賃借料)
빗말	실언(失言, [동]틀린 말)
빙상교예(氷上巧藝)	아이스쇼(ice show)
빙상호케이(氷上hockey)	아이스하키(ice hockey)
빚구럭	빚보따리
빛갈색(—色)	유채색(有彩色)
빛굽힘성(—性)	굴광성(屈光性)
빛내기	발광(發光)
빛너울	후광(後光)
빛느낌약(—藥)	감광제(感光劑)
빛느낌종이	감광지(感光紙)
빛섬유까벨(—纖維kabel')	광케이블(光cable)
빛종이	발광지(發光紙)
빠개다 *	드러내다
빠나마(국가명)	파나마(국가명)
빠찌(badge)	배지(badge, [동]휘장(徽章))
빤드름하다	빤하다

북한 문화어	남한 표준어
빤빤머리	삭발(削髮)
빨락종이	셀로판지(cellophane紙)
빨래방치	빨래방망이
빨래집 *	세탁소(洗濯所)
빵통	열차칸(列車—)
빼람	서랍
빼주	고량주(高粱酒)
뺄물길 *	배수로(排水路)
뺄헤염(수영 용어)	자유형(自由型)
뻔닿게	뻔질나게
뻬루(국가명)	페루(국가명)
뻥끼(paint)	페인트(paint)
뼈고기 *	지육(枝肉)
뼈마디아픔	관절통(關節痛)
뼈막염(—膜炎) *	골막염(骨膜炎)
뼈부러지기	골절(骨折)
뼈속염 (—炎) *	골수염(骨髓炎)
뼈송소증(—症)	골다공증(骨多孔症)
뼈어김 *	탈구(脫臼)
뽀루뚜갈(국가명)	포르투갈(국가명)
뽈(ball)	공(동볼(ball))
뽈스까(국가명)	폴란드(국가명)
뾰족각(—角) *	예각(銳角)
뿌리기호(—記號) *	근호(根號)
뿌무개	분무기(噴霧器, 동스프레이(spray))
뿔질(—質)	각질(角質)
뿜이구멍	분출구(噴出口)
쁠럭불가담나라(block不可擔—)	비동맹국가(非同盟國家)
삐치다	참견하다(參見—)
삘눈	사시(斜視)

ㅅ

북한 문화어	남한 표준어
사과단물	사과주스(—juice)
사과단졸임	사과잼(—jam)
사군데(四—)	사방(四方, 여러 군데)
사귀다	교차하다(交叉—)
사귐각(—角)	교각(交角)
사귐점(—點)	교점(交點)
사내번지개	말괄량이
사냥총(—銃) *	엽총(獵銃)
사득판	늪(圏소(沼))
사람대명사(—代名詞) *	인칭대명사(人稱代名詞)
사려물다	이를 악물다
사말적(些末的)	부차적(副次的)
사민(私民, 圏사회사람(社會—))	민간인(民間人)
사방미인(四方美人)	팔방미인(八方美人)
사변(事變)	사건(事件)
사분소리표(四分—表)	사분음표(四分音標)
사사모사(事事某事)	사사건건(事事件件)
사양공(飼養工)	사육사(飼育師)
사업(事業)	일(圏활동(活動))
사이그루(圏간작(間作))	사이짓기
사이극(—劇) *	막간극(幕間劇)
사이색(—色) *	중간색(中間色)
사이치기	새치기
사자고추 *	피망(piment)
사진종이(寫眞—)	인화지(印畵紙)
사출장화(射出長靴)	고무장화(gomme長靴)
사탕가루(砂糖—)	설탕(雪糖)
사품(私品)	사물(私物)
사품치다	세차게 흐르다
사행식포복(蛇行式匍匐)	낮은포복(—匍匐)
삭갈리다	①헷갈리다 ②(순서가) 뒤섞이다

156 ·

북한 문화어	남한 표준어
삭뼈	연골(軟骨)
삭뼈물고기	연골어류(軟骨魚類)
삭음견딜성(一性)	내식성(耐蝕性)
삭음막이감	방식제(防蝕劑)
산불막이선(一線)	방화선(防火線)
산살구나무(山一) *	개살구나무
산소꺼림성(酸素一性) *	혐기성(嫌氣性)
산썩음	산패(酸敗)
산줄기 *	산맥(山脈)
산탁(山一)	산중턱(山中一)
살결물(동물크림)	스킨로션(skin lotion)
살구단졸임 *	살구잼(一jam)
살눈섭	속눈썹
살룩살룩	절룩절룩
살림집	주택(住宅)
살밭다	친하다(親一)
살양말(一洋襪) *	스타킹(stocking)
살진뿌리	알뿌리
살판을 치다	횡포(橫暴)를 부리다(동날뛰다)
삼각살(三角一)	삼각근(三角筋)
삼륜차(三輪車)	휠체어(wheel chair)
삼바리	불가사리(극피동물)
삼촌어머니(三寸一) *	작은어머니(동숙모(叔母))
삼피스(三piece)	쓰리피스(three piece)
삽삽하다	싹싹하다
상품알림(商品一) *	카탈로그(catalog)
상학시간(上學時間)	수업시간(修業時間)
상혈되다(上血一)	상기되다(上氣一)
새김무늬그릇	빗살무늬토기(一土器)
새끼낳기 *	출산(出産)
새리새리하다	아리송하다

북한 문화어	남한 표준어
새막이	칸막이
새바람	샛바람
새없이	주책없이
새짐승	날짐승
새참 *	간식(間食)
색갈(色—)	색깔(色—)
색그림(色—) *	채색화(彩色畵)
색날기(色—) *	탈색(脫色)
색느낌(色—)	색감(色感)
색동다리(色—)	무지개
색빼기약(色—藥)	탈색제(脫色劑)
색쌈(色—, [동]달걀말이)	계란말이(鷄卵—)
색텔레비죤(色television)	컬러텔레비전(color television)
샘물	생수(生水, [동]약수(藥水))
생둥이	풋내기
생수(—數)	운수(運數, [동]행운(幸運))
생칠하다	싱싱하다([동]신선하다)
생활비(生活費)	급료(給料)
샴팡(champagne)	샴페인(champagne)
서기(書記)	보좌관(補佐官)
서발막대([동]긴 막대기)	장대(長—)
서슬(두부 제조용 응고제)	간수(—水)
서우(犀牛)	코뿔소([동]무소)
석쉼하다	쉰듯하다
섞붙임 *	교잡(交雜)
섞음헤염 *	혼영(混泳)
선기(—氣)가 나다	선선하다
선손치기(先—, 권투 용어)	잽(jab)
선수권보유자(選手權保有者)	대표선수(代表選手)
선자리걸음 *	제자리걸음
선전화(宣傳畵) *	포스터(poster)

북한 문화어	남한 표준어
선참(先站)	먼저
선후차(先後次)	우선순위(優先順位)
설기과자(동백설기과자(白—)) *	카스텔라(castella)
설레발을 치다	서두르다
설설이(곤충의 이름) *	그리마
설인사 *	세배(歲拜)
성근하다(誠勤—)	①성실하다(誠實—) ②공손하다(恭遜—)
성달라지기(性—)	성전환(性轉換)
성수(星數)가 나다	신나다
성원(成員)	구성원(構成員, 동일원(一員))
성적증(成績證)	성적표(成績表)
세기마루	악센트(accent)
세나라시기(—時期)	삼국시대(三國時代)
세살난아이(동세난아이) *	삼척동자(三尺童子)
세운돈	적립금(積立金)
소개신(紹介信)	소개장(紹介狀)
소단고기국	육개장(肉—醬)
소래	대야
소로길(小路—)	오솔길
소리막이벽(—壁)	방음벽(防音壁)
소리빛갈	음색(音色)
소리사이	음정(音程)
소리잡이감	흡음재(吸音材)
소리크기	음량(音量)
소리판	레코드(record)
소보(小報)	속보(速報)
소영각(황소의 울음소리) *	영각
소젖	우유(牛乳)
소조(小組)	동아리
소행(所行)	선행(善行)

북한 문화어	남한 표준어
속고무(—gomme, 㖌뜰주머니)	튜브(tube)
속구구(—九九)	속셈
속궁냥	속궁리(—窮理)
속대	줏대(主—)
속사탕(—砂糖) *	알사탕(—砂糖)
속잠(㖌군잠) *	숙면(熟眠)
손가락말 *	수화(手話)
손가락무늬 *	지문(指紋)
손가락총질(—銃—)	삿대질
손가방 *	핸드백(handbag)
손기척 *	노크(knock)
손넘기(배구 용어)	네트오버(net over)
손님맞이방(—房, 㖌접대실)	응접실(應接室)
손다치기(축구 용어)	핸들링(handling)
손모	모심기(㖌모내기, 손으로 심는 모)
손벽	손뼉
손세	손짓
손수레 *	리어카(rear car)
손신호(—信號) *	수신호(手信號)
손전화(—電話)	핸드폰(hand phone, 㖌휴대전화 (携帶電話))
손제동기(—制動機) *	사이드브레이크(side brake)
손짐	수하물(手荷物)
손탁	손아귀
손풍금(—風琴) *	아코디언(accordion)
송아지동무	소꿉친구(—親舊)
수놓이(繡—)	자수(刺繡)
수더구(數—)	수량(數量)
수리아(국가명)	시리아(국가명)
수박씨장사	기회주의(機會主義)
수세기(水洗器)	세척기(洗滌器)

북한 문화어	남한 표준어
수원(隨員)	수행원(隨行員)
수자식사진기(數字式寫眞機)	디지털카메라(digital camera)
수장(手章)	손도장(一圖章, 통지장(指章))
수지연필(樹脂鉛筆) *	샤프펜슬(sharp pencil)
수직(守直)	숙직(宿直)
수태	굉장(宏壯)
수표하다(手票—)	서명하다(署名—, 통사인하다)
숙보다	깔보다(통업신여기다)
순간타격(瞬間打擊, 배구 용어)	스파이크(spike)
순아(純雅)	순결(純潔)
순위권(順位圈)	메달권(medal圈)
술도깨비	알콜중독자(alcohol中毒者)
숨기내기	숨바꼭질
숨긴죄(—罪) *	은닉죄(隱匿罪)
숨주머니 *	허파
숫잠 *	선잠
쉬움떡	술떡
스밈	침투(浸透)
스밈압력(—壓力)	삼투압(滲透壓)
스웨리예(국가명)	스웨덴(국가명)
스침소리 *	마찰음(摩擦音)
스키삭도승강기(ski索道昇降機)	스키리프트(ski lift)
슬로벤스코(국가명)	슬로바키아(국가명)
슬픔증(—症) *	우울증(憂鬱症)
습배다	스며들다(통깃들다)
(음식 맛이) 슴슴하다	(간 등이) 심심하다
승벽(勝癖, 통승강(昇降))	경쟁(競爭)
승자전(勝者戰) *	토너먼트(tournament)
승치	원한(怨恨)
시까스르다	놀리다
시뚝하다	토라지다

북한 문화어	남한 표준어
시보영화(時報映畵)	기록영화(記錄映畵)
시창(視窓)	자동차 창문(自動車窓門)
시킴문(—文)	명령문(命令文)
시형(媤兄)	시아주버니([동]시숙(媤叔))
식수절(植樹節)	식목일(植木日)
식의주(食衣住)	의식주(衣食住)
신다리	넓적다리
신소(申訴)	신고(申告, [동]고발(告發))
신약(新藥)	양약(洋藥)
신젖단물	칼피스(calpis)
실관(—管)	모세관(毛細管)
실내물놀이장(室內—場)	실내수영장(室內水泳場)
실코수건(—手巾, [동]실털수건) *	타월(towel)
실효모임(實效—, [동]호조반(互助班))	스터디그룹(study group)
십일메터벌차기(十一meter罰—, 축구 용어)	페널티킥(penalty kick)
싱검둥이	싱거운 사람
싸락약(—藥)	과립제(顆粒劑)
싹나기법(—法) *	출아법(出芽法)
싹트는률(—率)	발아율(發芽率)
쌀바도르(국가명)	엘살바도르(국가명)
쌍붙이(雙—) *	교미(交尾)
써레기([동]써레기담배)	엽연초(葉煙草, [동]잎담배)
써레기김치 *	섞박지(김치의 한 종류)
썩살	굳은살
썩음막이약(—藥)	방부제(防腐劑)
썩장(—醬)	청국장(淸麴醬)
쏘다	쑤시다
쏠라닥	방해(妨害, [동]훼방(毁謗))
쒜리	쉬리
쓰겁다	쓰다

북한 문화어	남한 표준어
쓸다	검열하다(檢閱—)
쓸림	마찰(摩擦)
씨다른형제(—兄弟) *	이부형제(異父兄弟)
씨름꽃	제비꽃
씨붙임	파종(播種)
씨수(—數)	소수(小數)
씨앗받기 *	채종(採種)

ㅇ

북한 문화어	남한 표준어
아구리	아가리
아근(我近) *	근방(近方)
아글타글	야무지게(동끈기있게)
아낙각(一角, 수학 용어)	내각(內角)
아다모끼	옹고집(壅固執)
아래붙임 *	각주(脚註)
아래줄	밑줄
아름차다	과분하다(過分—)
아바이(나이가 많은 남자)	상급자(上級者)
아부재기	아우성(一聲)
아수하다	아쉽다
아시잠	초벌잠(初—)
아시저녁	초저녁(初—)
아재(여성을 이르는 말)	아주머니(여성을 이르는 말)
아저씨	형부(兄夫)
아질하다	아찔하다
아짜아짜하다	아슬아슬하다
아츠럽다	거북하다
아침모임	조회(朝會)
아편꽃(阿片—)	양귀비(楊貴妃)
안같기기호(一記號)	부등호(不等號)
안개비	가랑비
안늙은이	늙은여자(一女子, 동노파)
안마당지기(야구 용어)	내야수(內野手)
안바다	내해(內海)
안받침	뒷받침
안삼블(ensemble)	앙상블(ensemble)
안슬프다	안쓰럽다
안싸다 *	감싸다
안타깨비(아둔한 사람)	맹꽁이
안팎려비(一旅費)	왕복여비(往復旅費)

북한 문화어	남한 표준어
안해	아내
앉아버티기 *	연좌농성(連坐籠城)
앉음뼈 *	좌골(坐骨)
알깨움률(一率) *	부화율(孵化率)
알낳이	산란(産卵)
알낳이률(一率)	산란율(産卵率)
알륵(軋一)	알력(軋轢)
알리다	알아차리다(통깨닫다)
알맞은증(一症) *	적응증(適應症)
알밥젓	명란젓(明卵一)
알심없다(一心一, 통새빠지다)	실없다(實一)
알쓸이철(통알낳이철)	산란기(産卵期)
알씬하다	매캐하다
암해하다(暗害一)	음해하다(陰害一)
앞갈망	앞감당(一堪當)
앞등(一燈) *	전조등(前照燈)
앞붙이	접두사(接頭辭)
애군(애를 먹이는 것)	애물(一物)
애기궁전(一宮殿) *	탁아소(託兒所)
애기집가르기 *	제왕절개수술(帝王切開手術)
애기차(一車) *	유모차(乳母車)
애돼지	애저(一猪)
애모쁘다	안타깝다
애지기 *	유산(流産)
애지우기	임신중절(姙娠中絶)
야경벌이(夜警一)	도둑질
야시꼽다	아니꼽다
야싸하다(통되싸다)	①서운하다(통아쉽다) ②심하다(甚一)
약내는곳(藥一)	투약구(投藥口)
약차하다	많다 (기회 등이)

북한 문화어	남한 표준어
양간하다	날씬하다(֍맵시 있다)
양말바지(洋襪—) *	팬티스타킹(panty stocking)
양복적삼(洋服—)	블라우스(blouse)
양복치마(洋服—) *	스커트(skirt)
양산치마(洋傘—)	주름치마
양조소(釀造所)	양조장(釀造場)
어기나기	어긋나기
어기다	지나치다(֍저버리다)
어김돈	위약금(違約金)
어깨수(—數, ֍거듭제곱, 수학 용어)	지수(指數)
어두운모음(—母音) *	음성모음(陰性母音)
어렵다	바쁘다
어로공(漁撈工)	어부(漁夫)
어망결에	얼떨결에
어머니공장 *	모체공장(母體工場)
어방	근처(近處)
어방없다	어림없다
어방치기	어림짐작(—斟酌)
어벌	배포(排布)
어성버성하다	어색하다(語塞—)
어슬막	황혼(黃昏)
어슬어슬하다	어둑어둑하다
어자어자	오냐오냐
어제날	과거(過去, ֍지난날)
억세다 *	굳세다
억이 막히다 *	기(氣)가 막히다
언상처(—傷處) *	동상(凍傷)
언제(堰堤)	댐(dam)
얼군제품(—製品) *	냉동식품(冷凍食品)
얼굴가리개 *	마스크(mask)

북한 문화어	남한 표준어
얼굼배	냉동선(冷凍船)
얼굼피해(—被害)	동해(凍害)
얼뜬하다	멍청하다
얼럭밥	잡곡밥(雜穀—)
얼림수(—數, [동]오그랑수(—數), 흐림수(—數))	속임수(—數)
얼벌벌하다	얼얼하다
얼빤하다	어벙하다
얼싸하다	그럴싸하다
얼쓸다	쓰다듬다
얼음눈	빙설(氷雪)
얼음버캐(잘 부서지는 얼음)	살얼음
얼음보숭이	아이스크림(ice cream)
얼음얼이	결빙(結氷)
얼죽음	반죽음(半—)
얼치다(얼이 차다)	정신(精神)을 잃다
엄지물고기 *	성어(成魚)
업수이 여기다	업신여기다
업어넘기다	속여 넘기다
엇빛	역광(逆光)
엇절이([동]소금절임)	얼간
엉겨굳기 *	응고(凝固)
엉겨뭉침 *	응결(凝結)
엉겨붙기 *	응집(凝集)
엉긴피 *	응혈(凝血)
에미나이	계집아이
에미네	여편네(女便—)
에스빠냐(국가명)	스페인(국가명)
에우다	때우다
여덟달내기 *	팔삭둥이(八朔—)
여돌차다	단단하다([동]똑똑하다)

북한 문화어	남한 표준어
여러다미식	다항식(多項式)
여름살이옷 *	하복(夏服)
여불없다(餘不—)	확실하다(確實—, [동]틀림없다)
여살피다	살펴보다
역사질(役事—)	노동(勞動)
역설하다(力說—) *	강조하다(强調—)
엮음새	구성(構成)
연료공급소(燃料供給所)	주유소(注油所)
연삽하다	사근사근하다([동]싹싹하다)
연송	연방(連方, [동]연달아)
연침(軟寢)	상급침대(上級寢臺)
열기 *	개방(開放)
열기꽃	해당화(海棠花)
열내림약(熱—藥)	해열제(解熱劑)
열돌이(熱—)	열용량(熱容量)
열돌증(—症)	담낭결석증(膽囊結石症)
열막이감(熱—) *	보온재(保溫材)
열매맺기	결실(結實)
열물(熱—)	쓸개즙(—汁)
열물(熱—)	담즙(膽汁)
열불음(熱—)	열팽창(熱膨脹)
열스럽다(熱—)	창피하다(猖披—)
열에아홉([동]거의) *	십상팔구(十常八九)
열주머니(熱—)	쓸개
영예군인(榮譽軍人) *	상이군인(傷痍軍人)
영접들어총(迎接—銃)	받들어총(—銃)
영화문학(映畵文學)	영화각본(映畵脚本, [동]시나리오(scenario))
옆그림	측면도(側面圖)
옆차기	호주머니(胡—, [동]조끼주머니)
예비곡(豫備穀) *	비축미(備蓄米)

북한 문화어	남한 표준어
예술체조(藝術體操) *	리듬체조(rhythm體操)
예술헤염(藝術—)	수중발레(水中ballet)
예이제(옛날과 지금)	고금(古今)
옙하다	높임말을 쓰다
오구구	많이
오구탕(烏口湯)	야단(惹端)
오래견딜성(—性)	내구성(耐久性)
오레미	올케
오륙(五六)을 못 쓰다	사족(四足)을 못 쓰다
오른궁둥배지기(씨름 용어)	오른배지기
오리가리	갈기갈기
오림책(—册) *	스크랩북(scrap book)
오마조마하다	조마조마하다
오목새김 *	음각(陰刻)
오무림살 *	괄약근(括約筋)
오분열도(五分熱度)	작심삼일(作心三日)
오불꼬불	꼬불꼬불
오사리	옥수수껍질(玉—)
오새없다(통개채없다)	주책없다
오유(誤謬)	오류(誤謬)
오작(誤作)	불량(不良, 통부실(不實))
오줌길 *	요도(尿道)
오줌깨	오줌통
오줌새기 *	요실금(尿失禁)
오징어(참낙지)	낙지(참오징어)
옥백미(玉白米)	정백미(精白米)
옥파(玉—, 통둥글파)	양파(洋—)
온반(溫飯)	닭고기장국(—醬—)
온치(—癡)	음치(音癡)
올꾼이	바보
올롱하다	(눈이) 휘둥그렇다

북한 문화어	남한 표준어
올리뛰고 내리뛴다	이리 뛰고 저리 뛴다
올리방향(一方向)	상행(上行)
올방자(튕앉은다리)	책상다리(册床一)
올종(튕극올종, 농작물을 이름)	조생종(早生種)
옮겨묻기	이장(移葬)
옮겨붙이기 수술(手術) *	이식수술(移植手術)
옮겨지음 *	각색(脚色)
옳바로	올바로
옴하다	골몰하다(汨沒一, 튕몰두하다(沒頭一))
옷걸개	옷걸이
옷벗는칸	탈의실(脫衣室)
옹근가림	개기식(皆旣蝕)
옹근달	보름달
옹근소리표(一標) *	온음표(一音標)
옹근수(一數, 수학 용어) *	정수(整數, 튕완전수(完全數))
옹근월식(一月蝕)	개기월식(皆旣月蝕)
옹근음(一音) *	온음(一音)
옹근일식 (一日蝕)	개기일식(皆旣日蝕)
옹근장(一張) *	전지(全紙)
와디디하다	굉장하다(宏壯一)
왁새	왜가리
왁찐(vakzin)	백신(vaccine)
완전넘어지기(完全一)	녹아웃(knock out, KO)
완전시들음(完全一)	영구위조(永久萎凋)
왈가불가(曰可不可)	왈가왈부(曰可曰否)
왈렌끼	부츠(boots, 여성용)
왕땅	장땡
왕벌(王一)	여왕벌(女王一)
왕벌젖(王一) *	로열젤리(royal jelly)
왕청	뚱딴지

북한 문화어	남한 표준어
외딴집 *	독립가옥(獨立家屋)
외짝사랑(外—)	짝사랑
외태머리([반]양태머리) *	가랑머리([반]쌍가랑머리)
외투저고리(外套—)	점퍼(jumper)
윈심(—心)을 쓰다	고심하다(苦心—)
윈쪽날개(축구 용어)	레프트윙(left wing)
요글요글하다 *	(부아, 허파가) 터지다
요술(妖術)을 부리다	기만하다(欺瞞—, [동]속이다)
요진통(要津通)	요점(要點)
우([동]상부(上部))	위
우단점(優短點)	장단점(長短點)
우둘렁대다	투덜거리다
우등불	모닥불
우뚤대다	까불다
우리식양어(—式養魚)	가두리양식(—養殖)
우리우리하다	우락부락하다
우림술	과일주(—酒)
우선우선하다	시원시원하다
우야([동]우정)	일부러
우연교배(偶然交配)	임의교배(任意交配)
우점(優點)	장점(長點)
우통치다	허풍떨다(虛風—)
욱다짐	우격다짐
욱닥욱닥	북적북적
울대결핵(—結核)	후두결핵(喉頭結核)
움씰	갑자기([동]움찔)
웃음집	웃음보
웃치마 *	겉치마
웅글다	굵다
웅심깊다(雄心—)	웅숭깊다(도량(度量)이 크다)
원그리개(圓—) *	콤파스(compass)

북한 문화어	남한 표준어
원미하다(圓美—)	아름답다
원쑤(怨讐, 큰 피해를 준 사람)	원수(怨讐)
원주필(圓珠筆)	볼펜(ball pen)
웨치다	외치다
웰남(국가명)	베트남(국가명)
위생대(衛生帶) *	생리대(生理帶)
위생림(衛生林)	녹지대(綠地帶)
위생선전(衛生宣傳)	위생홍보(衛生弘報)
위생실(衛生室)	화장실(化粧室)
위생저(衛生—)	나무젓가락([동]소독저(消毒—))
위생종이(衛生—) *	화장지(化粧紙)
위생차(衛生車)	청소차(淸掃車)
유람뻐스(遊覽bus) *	관광버스(觀光bus)
유색금속(有色金屬)	비철금속(非鐵金屬)
유술(柔術)	유도(柔道)
유일가격(唯一價格)	협정가격(協定價格)
유자	여주(과일의 이름)
육계나무(肉桂—)	계수나무(桂樹—)
으스레를 치다	소름끼치다([동]몸서리치다)
옥죄다	마음 졸이다
은(銀)을 내다	성과(成果)를 내다
은조롱(—嘲弄)	큰조롱(—嘲弄)
은행경제사(銀行經濟士)	은행원(銀行員)
의거자(義擧者)	귀순자(歸順者)
의례(儀禮)	의전(儀典)
의사스럽다(意思—)	의젓하다
이닦기	양치질
이닦이약(—藥) *	치약(齒藥)
이돌 *	치석(齒石)
이름못하다	형언(形言)하기 어렵다
이름수(—數)	명수(名數)

북한 문화어	남한 표준어
이머리	치관(齒冠, ⑤치근(齒根))
이모사촌(姨母四寸) *	이종사촌(姨從四寸)
이모아버지(姨母—) *	이모부(姨母夫)
이몸곪기	잇몸질환(—疾患, ⑤치주염(齒周炎))
이삭기	충치(蟲齒)
이상사람(以上—)	손윗사람
이슬란드(국가명)	아이슬란드(국가명)
이신작칙(以身作則)	솔선수범(率先垂範)
이쏘기 *	치통(齒痛)
이악하다	영악하다(靈惡—)
이야기그림	만화(漫畵)
이야기시(—詩) *	서사시(敍事詩)
이어달리기 *	계주(繼走)
이어헤기	계영(繼泳)
이웃닮기	자음동화(子音同化)
이음 *	접속(接續)
이음막(—膜)	결막(結膜)
이음말 *	접속사(接續詞, ⑤이음씨)
이음시(—詩) *	연작시(連作詩)
이음시조(—詩調) *	연시조(聯詩調)
익달(—達)	숙달(熟達)
익측(翼側)	측면(側面)
인물심사(人物審查) *	면접(面接)
인민구두창작(人民口頭創作)	구전문학(口傳文學)
인민보안소(人民保安所)	파출소(派出所)
인민소모품(人民消耗品)	생활필수품(生活必需品)
인민학교(人民學校)	초등학교(初等學校)
인줍(印汁)	인주(印朱)
인차(鱗次, ⑤인츰)	곧(⑤빨리)
일거두매	일솜씨
일곱달내기 *	칠삭동이(七朔—)

북한 문화어	남한 표준어
일군땅 *	개간지(開墾地)
일년감(一年—)	토마토(tomato)
일떠서다	힘차게 일어서다
일만시름	걱정
일무리	손님치르기
일본새(一本—)	근무자세(勤務姿勢)
일생기(一生記)	일대기(一代記)
일없다	괜찮다
일을 쓰게 하다	제대로 한다
일자리	작업성과(作業成果)
일치가결(一致可決) *	만장일치(滿場一致)
임진조국전쟁(壬辰祖國戰爭)	임진왜란(壬辰倭亂)
입내	흉내
입다툼	말다툼
입사권(入舍權)	입주권(入住權)
입술연지(—臙脂) *	립스틱(lip stick)
입쌀밥	흰쌀밥
입쓰리	입덧
입안염(—炎)	구내염(口內炎)
입풍금(—風琴) *	멜로디언(melodion)
잊음증(—症) *	건망증(健忘症)
잎지는나무 *	낙엽수(落葉樹)

ㅈ

북한 문화어	남한 표준어
자갈쥐기	공기놀이
자개바람	경련(痙攣, 통쥐)
자격잃기(資格—) *	실격(失格)
자낙	견지낚시
자동단추(自動—)	버튼(button)
자란이	성년(成年)
자래우다	기르다
자료기지(資料基地)	데이터베이스(data base)
자름면그림	단면도(斷面圖)
자리길	궤도(軌道)
자비로	스스로
자신심(自信心)	자신감(自信感)
자연기념물(自然紀念物)	천연기념물(天然紀念物)
자연목장(自然牧場)	방목장(放牧場)
자연부원(自然富源)	자연자원(自然資源)
자욱	흔적(통발자취)
자작권총(自作拳銃)	사제권총(私製拳銃)
자짠지	장아찌
자체수양(自體修養)	자기수양(自己修養)
자체학습(自體學習)	자습(自習)
작식(作食)	요리(料理)
작식대원(作食隊員)	취사병(炊事兵)
작은묶음표(—表)	소괄호(小括弧)
작의형제(作義兄弟)	결의형제(結義兄弟)
작풍(作風)	태도(態度)
잔귀 *	가는귀
잔그림	세밀화(細密畵)
잔꽃	망초
잔말쟁이 *	잔소리꾼
잔메	야산(野山, 통언덕)
잔즛이	지긋이(통조용히)

북한 문화어	남한 표준어
잔짐	소화물(小貨物)
잠김다리 *	잠수교(潛水橋)
잠나라	꿈나라
잠내	잠기운(—氣運)
잠약(—藥) *	수면제(睡眠劑)
장가시(醬—)	구더기
장달음 *	한달음(�줄달음)
장령(將領)	장성(將星)
장알(掌—)	(손바닥의) 굳은살
재담(才談) *	만담(漫談)
재등	능선(稜線)
재밤중(—中)	한밤중(—中)
재부(財富)	재보(財寶)
재세	교만(驕慢, 㐬거만(倨慢))
쟁개비	냄비
쟈즈(jazz)	재즈(jazz)
저금소(貯金所)	은행출장소(銀行出張所)
저리	미리(㐬아예)
저마끔	저마다
저바로	저만치(㐬저만큼)
적어넣다 *	기입하다(記入—)
적어두기 *	메모(memo)
적은이	①시동생(媤同生) ②남동생(男同生)
전기면도칼(電氣面刀—)	전기면도기(電氣面刀器)
전기밥가마(電氣—)	전기밥솥(電氣—)
전기분쇄기(電氣粉碎機)	전기믹서(電氣mixer)
전기송곳(電氣—) *	전기드릴(電氣drill)
전기신호판(電氣信號板)	전광판(電光板)
전기여닫개(電氣—)	스위치(switch)
전기종(電氣鐘)	초인종(招人鐘)
전등알(電燈—)	전구(電球)

북한 문화어	남한 표준어
전망식당(展望食堂) *	스카이라운지(sky lounge)
전문가(專門家, ⑤기사(技士))	학사(學士)
전사(戰士)	사병(士兵)
전실(前室, ⑤살림방(一房))	거실(居室)
전원회의(全員會議) *	총회(總會)
전위선(前位腺)	전립선(前立腺)
전자수산기(電子手算器)	전자계산기(電子計算機)
전지(電池)	손전등(一電燈)
전탕(全湯)	온통(⑤모두, 전부(全部))
전호(戰壕)	벙커(bunker, ⑤참호(塹壕))
전화수(電話手)	전화교환수(電話交換手)
전회교예(轉回巧藝)	회전곡예(回傳曲藝)
절구다	절이다
절로떨어지기 *	자유낙하(自由落下)
절로불나기 *	자연발화(自然發火)
점도록(⑤이윽토록)	오래도록
점수이김(點數—)	판정승(判定勝)
접대원(接待員)	종업원(從業員)
접부채(접고 펴는 부채) *	쥘부채
접촉안경(接觸眼鏡) *	콘택트렌즈(contact lens)
젓기배	보트(boat)
정거대(停車—)	제동장치(制動裝置, ⑤브레이크(brake))
정기보조금(定期補助金)	연금(年金)
정무원(政務員)	공무원(公務員)
정양소(靜養所)	휴양소(休養所)
정형(定形)	실태(實態, ⑤형편(形便))
젖먹임칸	수유실(授乳室)
젖몸아픔 *	유방통(乳房痛)
젖산유(一酸乳)	요구르트(yogurt)
젖싸개(⑤가슴띠) *	브래지어(brassiere)

북한 문화어	남한 표준어
젖암(—癌) *	유방암(乳房癌)
젖어머니 *	유모(乳母)
젖제품(—製品) *	유제품(乳製品)
제3방송(第三放送)	유선방송(有線放送)
제가다리	제각각(—各各, [동]제멋대로)
제강(提綱)	강의요약(講義要約)
제김에	저절로
제발(提拔)	선발(選拔)
제창([동]알맞춤하게)	알맞게([동]제때에)
제편잡이(—便—)	배신자(背信者)
조건타발(條件—)	핑계([동]불평(不平), 불만(不滿))
조교사(調教師)	조련사(調鍊師)
조기다	조지다
조꼬맹이	꼬맹이
조동하다(調動—)	전근하다(轉勤—)
조마(造馬)	도마(跳馬, [동]뜀틀)
조마구	조무래기
조막돌	조약돌
조선옛류형사람(朝鮮—類型—)	신석기인(新石器人)
조선옷(朝鮮—) *	한복(韓服)
조선종이(朝鮮—) *	한지(韓紙)
조선화(朝鮮畵)	동양화(東洋畵)
조약경기(跳躍競技)	도약경기(跳躍競技)
조약력(跳躍力)	점프력(jump力)
조월(繰越)	이월(移越)
조종운영기사(操縱運營技士) *	오퍼레이터(operator)
조직하다(組織—)	①결성하다(結成—) ②계획하다(計劃—)
조향륜(操向輪)	핸들(handle)
조화기(調和器)	공기조화기(空氣調和器)
졸인젖([반]날젖) *	연유(煉乳)

북한 문화어	남한 표준어
졸짱	관정(管井)
좀도끼	작은도끼
좀체사람	보통사람(普通—)
좁은통치마 *	타이트스커트(tight skirt)
종다리	종아리
종이끼우개 *	바인더(binder)
주견머리(主見—)	고집(固執)
주권시장(株券市場)	주식시장(株式市場)
주글살	주름살
주런이	가지런히
주름막(—幕)	무대막(舞臺幕)
주머니종(—鐘)	무선호출기(無線呼出機, 통삐삐)
주먹다시	주먹질
주먹돈	목돈(통뭉칫돈)
주석단(主席壇)	귀빈석(貴賓席)
주어대다	주워대다
주어듣다 *	주워듣다
주패(主牌)	트럼프(trump)
죽기내기 *	총력(總力, 통죽을힘)
죽는량(—量)	치사량(致死量)
죽는률(—率) *	사망률(死亡率)
죽을고	사지(死地)
준의(準醫)	물리치료사(物理治療士)
준첩공사(浚堞工事)	준설공사(浚渫工事)
줄닿이	합선(合線)
줄섬	열도(列島)
줄악기(—樂器) *	현악기(絃樂器)
중낮(中—)	한낮(통정오(正午))
중도반단(中途半斷)	중단(中斷, 통포기(抛棄))
중발머리(短髮—)	단발머리(短髮—)
중선생(—先生)	승려(僧侶, 통스님, 중)

북한 문화어	남한 표준어
중세소업(中細小業)	중소기업(中小企業)
중앙(中央)으로 꺾어차기	센터링(centering)
중앙검찰소(中央檢察所)	대검찰청(大檢察廳)
중앙공격수(中央攻擊手, 축구 용어)	센터포워드(center forward)
중앙재판소(中央裁判所)	대법원(大法院)
중춤	승무(僧舞)
줴기밥	주먹밥
줴버리다	버리다
줴치다	지껄이다
즈분하다	질척하다
즉일선고제(卽日宣告制)	즉결재판(卽決裁判)
즘즛하다	뜸하다
증(證)을 타다	당원(黨員)이 되다
증견자(證見者)	증인(證人)
증기빵(蒸氣pão)	찐빵(—pão)
지내	너무
지내보내다	흘려보내다
지도원(指導員)	코치(coach)
지럼김치	지레김치
지르보다	노려보다
지부렁지부렁	집적집적
지불행표(支拂行票)	보증수표(保證手票)
지상공론(紙上空論)	탁상공론(卓上空論)
지숙하다(至孰—)	나이가 지긋하다
지써	늘(⑧줄곧)
지어	심지어(甚至於)
지은옷 *	기성복(旣成服)
지짐곤로(—焜爐) *	오븐레인지(oven range)
지하족(地下足)	노동화(勞動靴)
지함(紙函)	박스(box)
직무부집행죄(職務不執行罪)	직무유기죄(職務遺棄罪)

북한 문화어	남한 표준어
직바르다(直—)	곧바르다
직선등(直線燈)	자동차 비상등(自動車非常燈)
직승비행기(直昇飛行機)	헬리콥터(helicopter)
직일군관(直日軍官)	일직장교(日直將校)
직일근무(直日勤務)	당직근무(堂直勤務)
직장세대(職場世代)	맞벌이세대(—世代)
직접벌차기(直接—, 축구 용어)	직접프리킥(直接 free kick)
직통배기(直通—)	직통전달자(直通傳達者)
직판	직접(直接, 동곧장)
직포공장(織布工場)	방직공장(紡織工場)
진갑(進甲)	칠순(七旬)
진공적(陳供的)	적극적(積極的)
진눈까비	진눈깨비
진단장(津丹裝)	진화장(津化粧)
진새벽(辰—)	꼭두새벽
진소리	잔소리(동세설(細說))
진아이	어린아이
질군	마니아(mania, 동광기(狂氣))
질김성(—性) *	인성(靭性)
짐그릇 *	포장용기(包裝用器)
짐렬차(—列車) *	화물열차(貨物列車)
짐무게 *	하중(荷重)
짐배 *	화물선(貨物船)
짐함(—函)	컨테이너(container)
집나들이	친정 나들이(親庭—)
집난이	기혼녀(旣婚女)
집단체조(集團體操) *	매스게임(mass game)
집안거두매	가사(家事)
집오래	집근처(—近處)
집중지도(集中指導)	감사(監査)
짙음새	농담(濃淡)

북한 문화어	남한 표준어
짜고들다	계책(計策)을 꾸미다
짝씨	배우자(配偶者)
짝지다	처지다([동]뒤지다, 빠지다)
짤락돈 *	동전(銅錢)
짧은거리 *	단거리(短距離)
짬수	낌새([동]눈치)
짬시간(—時間) *	자투리시간(—時間)
째다	가르다([동]파다, 찢다)
쨰쨰하다	선명하다(鮮明—, [동]확실하다(確實—))
쨈	계산(計算, 옳고 그름)
쩡하다	멋있다([동]야무지다)
쪼간	이유(理由, [동]근거(根據))
쪼막	쪼가리
쪼박	조각([동]쪼가리, 자투리)
쪽그림 *	컷(cut)
쪽머리아픔	편두통(偏頭痛)
쪽무늬그림([동]쪽무이그림) *	모자이크(mosaic)
쫄망구	좀팽이([동]좀생원(—生員))
쫑대바지	쫄바지
쬐쬐하다	쩨쩨하다
쭉데기([동]자투리나무)	죽데기
찌끼다	끼이다
찌는가마 *	증기가마(蒸氣—)
찌물쿠다	무덥다
찐지황(—地黃)	숙지황(熟地黃)
찔게([동]건건이)	반찬(飯饌)
찧다	부딪치다([동]건배하다(乾杯—))

ㅊ

북한 문화어	남한 표준어
차굴(車窟)	터널(tunnel)
차극(差劇)	차도(差度, 병이 나아지는 것)
차넣기(⑤투사(投射), 축구 용어)	슛(shoot)
차단소(遮斷所)	검문소(檢問所)
차례곱(수학 용어)	계승(階乘)
차례수사(次例數詞)	서수(序數)
차례지다(次例—)	배당되다(配當—)
차마당(車—)	주차장(駐車場)
차멎기(車—)	정차(停車)
차요시하다(次要視—)	무시하다(無視—)
차판(車—)	화물칸(貨物—)
찬국수 *	냉면(冷麵)
찬단물	냉차(冷茶)
찬물미역 *	냉수욕(冷水浴)
찬물흐름	한류(寒流)
찬웃음 *	냉소(冷笑)
참나무버섯 *	표고버섯
참대곰	판다(panda)
참물	만조(滿潮)
참분수(—分數) *	진분수(眞分數)
창가림막(窓—幕)	커튼(curtain)
창경(窓鏡)	물안경(—眼鏡)
창발(創發)	창의(創意)
창발성(創發性)	창의성(創意性)
채눈종이 *	모눈종이(⑤방안지(方眼紙))
채심(採心)	작심(作心)
책책	차례차례(次例次例, ⑤차곡차곡)
쟁쟁하다	야무지다
처마물 *	낙숫물(落水—)
처음역(—驛)	시발역(始發驛)
척근하다	늘어지다

북한 문화어	남한 표준어
천리마체(千里馬體)	고딕체(Gothic體)
철직(撤職)	해임(解任)
철추던지기(鐵椎—, 육상 용어)	투포환(投砲丸)
첫끝	첫머리
첫차기(축구 용어)	킥오프(kick off, [동]시축(始蹴))
청도깨비(青—)	낮도깨비
청소하다(青少—)	(역사(歷史) 등이) 짧다
청오동나무(青梧桐—)	벽오동나무(碧梧桐—)
체(도토리묵의 단위)	모(두부의 단위)
체계프로그람(體系program)	운영체계(運營體系, OS)
체대(體臺)	몸체(—體)
체소하다(體小—)	왜소하다(矮小—)
체스꼬(국가명)	체코(국가명)
체육명수(體育名手)	신기록보유자(新記錄保有者)
체육촌(體育村)	선수촌(選手村)
체조깔개(體操—)	매트(mat)
체화품(滯貨品)	재고품(在庫品)
쳐넣기(배구 용어)	서브(serve)
쳐든각(—角)	올려본각(—角, [동]앙각(仰角))
초기(初飢)	시장기(—飢)
초기복무(超期服務)	장기복무(長期服務)
초기증(初飢症)	허기증(虛飢症)
초대소(招待所)	고급호텔(高級hotel)
초들초들하다	시들시들하다
초모(招募)	징집(徵集)
초물제품(草物製品, 왕골제품)	초목제품(草木製品)
초벌잠(初—)	초저녁잠(初—)
초벌죽음(初—)	초주검(初—, [동]반죽음(半—))
초시기(初時期)	초기(初期)
촌바우(村—)	촌뜨기(村—)
총적(總的)	총체적(總體的)

북한 문화어	남한 표준어
총탁(銃托)	개머리판(—板)
총화(總和)	결산(決算)
최전연(最前線)	최전방(最前方)
추김문(—文) *	청유문(請誘文)
추동하다(推動—)	부추기다
추위견딜성(—性)	내한성(耐寒性)
추위막이옷	방한복(防寒服)
추커올리기(역도 용어)	용상(聳上)
축구문(蹴球門)	골대(goal—, 图골포스트(goal post))
축받치개(軸—)	베어링(bearing)
춤장(—場)	카바레(cabaret)
층더미구름(層—) *	층적운(層積雲)
치레거리	액세서리(accessory, 图장신구(裝身具))
침습(侵襲)	침입(侵入)
침질(鍼—, 图못박다)	경고(警告)
침투하다(浸透—)	설명하다((說明—, 图해설하다(解說—))

ㅋ

북한 문화어	남한 표준어
칼덤	칼도마
캄보쟈(국가명)	캄보디아(국가명)
캐기 *	채굴(採掘)
케	싹수([동]김새, 눈치)
켕김도(—度) *	긴장도(緊張度)
켜속	속내(—內, [동]내막(內幕))
코나발(—喇叭)	코골이
코날개	콧방울
코냄새증세(—症勢)	축농증(蓄膿症)
코염(—炎) *	비염(鼻炎)
코집이 틀리다	글러지다([동]틀리다)
콤퓨터건반(computer鍵盤)	키보드(key board)
콩우유(—牛乳) *	두유(豆乳)
콩팥염(—炎) *	신장염(腎臟炎)
큰글자(—字)	대문자(大文字)
큰등(—燈)	헤드라이트(headlight)
큰물	홍수(洪水)
큰보임새 *	클로즈업(close up)
클락새	크낙새
키대([동]큰체격(—體格))	허우대([동]체격(體格))

ㅌ

북한 문화어	남한 표준어
타격장갑(打擊掌匣)	권투글러브(拳鬪glove)
타래못	나사못(螺絲―)
타프춤(tap dance) *	탭댄스(tap dance)
탁상일력(卓上日曆)	탁상일기(卓上日記)
탁없다	턱없다([동]터무니없다)
탁초(卓超)	탁월(卓越)
탄밭(炭―)	탄층(炭層, [동]탄상(炭床))
탈가(脫家)	가출(家出)
탈다	비틀다
탈등(―燈)	연등(燃燈)
탈리(脫離)	이탈(離脫)
탈아쥐다	틀어쥐다
탐승(探勝)	관광(觀光, [동]여행(旅行))
탐오랑비(貪汚浪費)	공금횡령(公金橫領)
탑재기(搭載機) *	함재기(艦載機)
탕개	긴장(緊張)
탕겐스(tangens)	탄젠트(tangent)
탕고춤(tango―)	탱고댄스(tango dance)
태공(怠工)	태업(怠業, [동]태만(怠慢))
태앉다(胎―)	임신하다(妊娠―)
터돌	주춧돌
터짐소리 *	파찰음(破擦音)
턱질	턱짓
털빠짐증(―症)	탈모증(脫毛症)
털슈바(―shuba)	털외투(―外套)
털실천 *	모직(毛織)
테다	튀우다([동]헤치다, 열거나 풀다)
테울다	통곡하다(痛哭―)
텔레비죤소설(television小說)	티브이드라마(TV drama)
텔레비죤통로(television通路)	텔레비전채널(television channel)
토법(土法)	민간요법(民間療法)

북한 문화어	남한 표준어
토피(土―)	흙벽돌(―壁―)
통장갑(―掌匣, [반]가락장갑(―掌匣)) *	벙어리장갑(―掌匣, [반]손가락장갑(―掌匣))
톺다	헛기침하거나 큰 숨을 내쉬다
퇴돌	댓돌(臺―)
퇴매하다	밉살스럽다(얄밉고 재수없다)
투구(投球) *	럭비(rugby)
툭수리	뚝배기
툭하다	뭉툭하다([동]굵다)
튀튀하다	더럽다
튐성(―性)	탄성(彈性)
트적질	트집([동]떼)
특급담배(特級―)	고급담배(高級―)
특산물식당(特産物食堂)	향토음식점(鄕土飮食店)

북한 문화어	남한 표준어
파고철(破古鐵, 圖고금속(古金屬))	고철(古鐵)
파하다(派一)	파견하다(派遣一)
판가리(判一)	판가름(判一)
판가리싸움터(判一)	결전장(決戰場)
판나다(判一)	결판나다(決判一)
판조립(版組立)	몽타주(montage)
판종이(板一)	마분지(馬糞紙)
팔띠 *	완장(腕章)
팔레스티나(국가명)	팔레스타인(국가명)
팔목걸이 *	팔찌
팔방돌이(八方一) *	사고뭉치(事故一, 圖짤짤이)
팔분소리표(八分一標)	팔분음표(八分音標)
팔팔아	앵무새(鸚鵡一)
팥보숭이	팥고물
(밤을) 패다	(밤을) 새우다
패리다	여위다
패쪽(牌一)	패찰(牌札)
퍼그나	매우(圖대단히, 아주)
퍼더앉다	주저앉다
퍼짐 *	확산(擴散)
펄날다	팔팔하다
평평이	옥수수과자(玉一菓子)
페지(page)	페이지(page)
편리화(便利靴, 圖방안신)	실내화(室內靴)
편의금고(便宜金庫)	전당포(典當鋪)
편의봉사망(便宜奉仕網)	서비스업(service業)
평양말(平壤一)	북한표준말(北韓標準一)
포수성(一性) *	흡수성(吸收性)
포전정리(圃田整理)	농지정리(農地整理)
포치	전달(傳達, 圖통고(通告))
표검열(票檢閱)	검표(檢票)

북한 문화어	남한 표준어
표돌(標—)	푯돌(標—)
표찍기(票—)	개표(改票)
표표하다(통걸싸다)	사납다(성미 등이 모질고 억세다)
푸른차(—茶) *	녹차(綠茶)
푸릿하다	푸르스름하다
푸서기	푸석이
푸수하다	무던하다
풀거름 *	퇴비(堆肥)
풀김치(통풀절임) *	엔실리지(ensilage, 가축용)
풀림도(—度) *	용해도(溶解度)
풀림성(—性) *	가용성(可溶性)
풀색마름식물(—色—植物)	녹조류(綠藻類)
풀색식물(—植物) *	녹색식물(綠色植物)
풀색체(—色體) *	엽록체(葉綠體)
풀약(—藥) *	제초제(除草劑)
풀이표(—標, 통환언표(換言標))	줄표(—標, dash)
풀이형(—形)	활용형(活用形)
풀잡이	김매기
풀판	초지(草地)
풋인사(—人事)	첫인사(—人事)
풍막(風幕)	천막(天幕)
피게	딸꾹질
피게우기	토혈(吐血)
피끗	퍼뜩
피나기병(—病)	혈우병(血友病)
피넣기	수혈(輸血)
피눈이 되다	혈안(血眼)이 되다
피돌기 *	혈액순환(血液循環)
피마주	아주까리
피만들기약(—藥)	조혈제(造血劑)
피멎이약(—藥)	지혈제(止血劑)

북한 문화어	남한 표준어
피모임	충혈(充血)
피뽑기 *	채혈(採血)
피알 *	혈구(血球)
피자박	피투성이
피줄수축(―收縮) *	혈관수축(血管收縮)
피칠갑	피칠
피타는 노력(努力)	피나는 노력(努力)
피타다	①애타다 ②혼신(渾身)을 다하다
피형(―型) *	혈액형(血液型)
필갑통(筆匣筒) *	필통(筆筒)

ㅎ

북한 문화어	남한 표준어
하내비	할아비
하늘바다	넓은하늘
하늘바라기논	천수답(天水畓)
하늘소	당나귀(唐—)
하다면	그렇다면
하루건너 *	격일로(隔日—)
하루차(—差) *	일교차(日較差)
하바닥(下—, [동]하위계층(下位階層))	밑바닥([동]하위계층(下位階層))
하불	침대시트(寢臺sheet, [동]홑이불)
하소하다(下小—)	소심하다(小心—, [동]쩨쩨하다)
하잔하다	잔잔하다(孱孱—)
학과경연(學科競演)	경시대회(競試大會)
학사(學士, 다음은 박사(博士))	석사(碩士, 다음은 박사(博士))
학생물림(學生—)	사회초년생(社會初年生)
학생소조활동(學生小組活動)	과외학습(課外學習)
학습장형콤퓨터(學習帳形computer)	노트북(note book)
학습제강(學習提綱)	학습지도안(學習指導案, [동]교재(教材))
학습토론(學習討論) *	세미나(seminar)
학자연하다(學者然—)	학자(學者)인 척하다
한것은	왜냐하면([동]이유는(理由—))
한그루짓기 *	일모작(一毛作)
한달건너 *	격월로(隔月—)
한당대(—當代, [동]한생(—生), 하나생(—生))	한평생(—平生)
한도행표(限度行票)	당좌수표(當座手票)
한모	한몫
한바리에 싣다 *	싸잡아 처리하다(處理—)
한본새(—本—)	부동자세(不動姿勢)
한성꽃(—性—)	단성화(單性花)
한소나기	소나기

북한 문화어	남한 표준어
한속통	한통속
한싹잎식물(一植物)	외떡잎식물(一植物)
한죽은하다	한풀이 죽다
한중심원(一中心圓)	동심원(同心圓)
한축(一軸)	한차례(一次例, 통한바탕)
한품	넓은품
함께살이 *	공생(共生)
함화(喊話)	투항권유(投降勸誘)
합친꽃(合一)	통꽃
합친말(合一) *	합성어(合成語)
항공륙전대(航空陸戰隊)	공수부대(空輸部隊)
항공역(港空驛) *	공항(空港)
해가림 *	일식(日蝕)
해군륙전대(海軍陸戰隊)	해병대(海兵隊)
해돌이	나이테
해방처녀(解放處女)	미혼모(未婚母)
해비(해가 있을 때 오는 비) *	여우비(맑은 날에 오는 비)
해비침 *	일조(日照)
해비침률(一率, 통낮비침률(一率)) *	일조율(日照率)
해비침시간(一時間) *	일조시간(日照時間)
해비침재개	일조계(日照計)
해빛열(一熱) *	태양열(太陽熱)
해빛쪼이기	일광욕(日光浴)
해종일(一終日)	온종일(一終日)
해쪼임량(一量) *	일조량(日照量)
행가(行歌)	유행가(流行歌)
허거프다	어이없다
허공돌기(虛空一) *	공중회전(空中回轉)
허궁	허공(虛空)
허궁다리 *	출렁다리

북한 문화어	남한 표준어
허궁치기	막무가내(莫無可奈)
허리아픔 *	요통(腰痛)
허리증(—症)	허리디스크(—disk)
허심하다(虛心—)	솔직하다(率直—)
허약	거뜬히([동]손쉽게)
허접스럽다	허름하고 잡스럽다
허줄하다	남루하다(襤褸—)
헌사람	기혼여성(既婚女性)
헌종이 *	파지(破紙)
헐끔하다	퀭하다
헐하고	쉽고
헛거미가 잡히다	헛것이 보이다
헛나발	헛소리([동]허튼소리)
헛돌이 *	공전(空轉)
헛딴데	허튼데
헤염	수영(水泳)
헤염가래	헹가래
헤염옷	수영복(水泳服)
헤짝	크게
헨둥하다	명백하다(明白—, [동]뚜렷하다)
혀이끼 *	설태(舌苔)
현지지도(現地指導)	시찰(視察)
호드기	꼴뚜기
호르래기 *	호각(號角)
호물때기	합죽이
호박(琥珀)을 잡다	횡재하다(橫財—)
호상(互相)	상호(相互)
호조반(互助班)	그룹학습(group學習)
호함지다	탐스럽다(貪—)
혼뜨검(魂—)	혼쭐(魂—)
혼쌀내다(魂—)	혼내다(魂—)

북한 문화어	남한 표준어
홍문(一門, 통항문(肛門))	항문(肛門)
홍찌(紅一)	피똥
홑마디식(一式)	단항식(單項式)
홑모음(一母音) *	단모음(單母音)
홑식(一式) *	단식(單式)
홑자음(一子音) *	단자음(單子音, 통홑닿소리)
화학세탁(化學洗濯, 통화학빨래(化學—)) *	드라이클리닝(dry cleaning)
활랑거리다	두근거리다
활쏘기	양궁(洋弓)
황색바람(黃色—)	자본주의문화(資本主義文化)
황정미(黃精米) *	현미(玄米)
후과(後果)	결과(結果)
후덥다	(날씨·느낌·마음씨 등이) 따뜻하다
후리채 *	곤충망(昆蟲網)
후방가족(後方家族)	군인가족(軍人家族)
후방공급사업(後方供給事業)	복지사업(福祉事業)
후비(後備)	후보(候補)
후아버지(後—) *	의붓아버지(통새아버지)
후어머니(後—)	계모(繼母)
후치질(後—, 논밭을 가는 일)	쟁기질
훔친범(一犯) *	절도범(竊盜犯)
훔친죄(一罪)	절도죄(竊盜罪)
휴식일(休息日) *	공휴일(公休日)
흐렘(frame)	프레임(frame)
흐르바쯔카(국가명)	크로아티아(국가명)
흐름새	리듬(rhythm)
흐름선(一線)	컨베이어(conveyor)
흙갈이	객토(客土)
흙따기	절토(切土)
흙막이벽(一壁)	옹벽(擁壁)

북한 문화어	남한 표준어
흙보산비료(—肥料)	퇴비성비료(堆肥性肥料)
(눈을) 흡뜨다	(눈을) 부릅뜨다
흩어보기	난시(亂視)
흩어진가족(—家族) *	이산가족(離散家族)
희떱다	①쓸데없다 ②거만하다(倨慢—)
희한하다(稀罕—)	①기이하다(奇異—) ②대단하다
흰흙 *	백토(白土)
히들히들	히죽히죽
힘바리	완력(腕力)
힘살주사(—注射) *	근육주사(筋肉注射)